Roland Kachler

Was bei Trauer gut tut

Roland Kachler

Was bei Trauer gut tut

Hilfen für schwere Stunden

HERDER

FREIBURG · BASEL · WIEN

3. Auflage 2015

© Verlag Herder GmbH, Freiburg im Breisgau 2011
Hermann-Herder-Straße 4, 79104 Freiburg
Alle Rechte vorbehalten
www.herder.de

Bei Fragen zur Produktsicherheit wenden Sie sich
an produktsicherheit@herder.de

Umschlaggestaltung: Christian Langohr
Umschlagfoto: © Bertram Walter, Freiburg

Satz: de·te·pe, Aalen
Herstellung: GGP Media GmbH, Pößneck

Printed in Germany

ISBN 978-3-451-61047-9

Inhalt

Was tut Trauernden gut?

Wer trauert, denkt zunächst nicht an sich. Er denkt nur an den geliebten Menschen, den er durch den Tod verloren hat. Deshalb überlegt kaum ein Trauernder, was ihm selbst gut tun könnte.

Dennoch halten Sie nun dieses Buch mit dem Titel »Was bei Trauer gut tut« in den Händen. Gibt es tatsächlich etwas, das Ihnen in Ihrer Trauer gut tut und was heilsam ist? Kann und darf es das geben?

Natürlich darf es Dinge geben, die Ihnen gut tun. Aber zunächst ist es nicht das, was man landläufig denken könnte und was Trauernden immer wieder empfohlen wird. Für Trauernde ist das, was ihnen gut tut, zunächst etwas ganz anderes. Das ist für Nichtbetroffene überraschend, vielleicht sogar unverständlich. Zunächst tut dem Trauernden gut, was dem Verstorbenen gut tut.

Wie könnten Trauernde sich etwas Gutes tun oder Gutes geben lassen, wenn ihr geliebter Mensch nicht mehr leben darf? Welchen Sinn hätte es angesichts dieser schlimmen Erfahrung, jetzt danach zu streben, dass es mir als Trauernden wieder besser oder sogar gut geht? Wäre das nicht ein egoistisches Ansinnen? Sind nicht gerade die Trauer und der Schmerz auch ein Zeichen dafür, dass es jetzt nicht um mich, sondern ganz um meinen geliebten Menschen geht?

Tun Sie zunächst das, was Sie für Ihren geliebten Menschen tun möchten, gerade jetzt nach seinem Tod. Sie werden vielleicht fragen, was Sie jetzt noch für ihn tun können, da er doch nicht mehr lebt und nicht mehr da ist. Doch weil die Liebe zu Ihrem geliebten Menschen mit seinem Tod nicht zu Ende ist, sondern über seinen Tod hinausreicht, können Sie noch vieles für ihn tun. Dazu erhalten Sie in diesem Buch konkrete und ganz praktische Anregungen.

Erst im zweiten Schritt werden Trauernde sich selbst etwas Gutes tun. Und auch das immer mit Rücksicht auf den verstorbenen geliebten Menschen. Dazu kommt die Erfahrung von Trauernden, dass manches, was ihnen früher gut getan hat, jetzt gar nicht oder nur sehr abgeschwächt gut tut. Deshalb müssen Trauernde geradezu lernen, sich wieder etwas Gutes schenken zu lassen, sich etwas Gutes zu tun und es für sich anzunehmen.

Hierfür brauchen Trauernde die innere Erlaubnis und die Ermutigung von ihrem geliebten Verstorbenen. Im inneren Gespräch können Trauernde spüren, dass ihr geliebter Mensch sie ermutigt, wieder für sich zu sorgen, sich etwas Gutes zu tun und es sich auch wieder besser, vielleicht sogar gut gehen zu lassen. Das allerdings ist ein langer Weg durch die Trauer hindurch. Doch es ist ein Weg, auf dem die Trauernden von ihrem verstorbenen geliebten Menschen begleitet werden.

Das Schlimmste ist geschehen: Du lebst nicht mehr

Was Ihnen in der akuten Trauer hilft

Machen Sie sich zuerst klar, dass Sie alles, was Sie in diesen Tagen für den Verstorbenen tun, auch für sich und Ihren Trauerprozess tun. Deshalb: Tun Sie am besten das, was Ihrem geliebten Menschen gut tut, was er braucht und was Sie für ihn noch tun wollen. Sie werden dies selbst als eigenen, intensiven Wunsch spüren. Dieser Wunsch kommt aus der Liebe zu Ihrem Verstorbenen, die ihm auch über seinen Tod hinaus das Gute geben will, soweit das jetzt noch möglich ist. Und dies ist viel mehr, als wir zunächst sehen können. Wenn Sie etwas für Ihren geliebten Menschen tun, werden Sie das als Übereinstimmung und als Nähe mit ihm spüren. Und genau das ist es, was Sie jetzt allein mitten in der Trauer brauchen. Es tut Ihnen jetzt mitten im Schock, im Schmerz und in der Verzweiflung gut, den Impulsen Ihrer Liebe zu folgen und immer wieder die innere Nähe zu Ihrem geliebten Menschen zu spüren.

Ich will dich noch einmal sehen

❦ Versuchen Sie, wenn irgend möglich, Ihren verstorbenen geliebten Menschen noch einmal zu sehen. Sicher: der erste Blick auf ihn ist schwer, besonders dann, wenn Sie ihn nach einem unerwarteten Tod jetzt zum ersten Mal erblicken. Doch bei allem Schmerz werden Sie sehen, dass Ihr geliebter Mensch friedlich schläft. Von ihm geht eine tiefe Ruhe und Würde aus, die Sie berühren und vielleicht sogar ein klein wenig trösten wird. Nehmen Sie diese Erfahrung in sich auf und bewahren Sie sie in Ihrem Herzen. Sie brauchen diese Erfahrung noch für die schweren Stunden auf Ihrem Trauerweg.

❦ Erlauben Sie sich Ihren Wunsch, dem Toten nahe zu sein. Wenn Sie möchten und die Möglichkeit haben, können Sie den Verstorbenen im Sarg für die Tage bis zur Beerdigung ins Haus holen. Nutzen Sie die verbleibende Zeit bis zur Beerdigung, die Nähe Ihres geliebten Angehörigen unmittelbar zu spüren. Sitzen und wachen Sie an seinem Sarg. Bleiben Sie bei ihm und in seiner Nähe, berühren und streicheln Sie ihn und reden Sie mit ihm.

❦ Bitten Sie den Bestatter, Ihrem Verstorbenen die Kleider anzuziehen, die zu ihm passen und die Sie für ihn aussuchen. Wie der Verstorbene in seinem Sarg beerdigt werden soll, soll noch einmal ganz seiner Person, seinem Leben entsprechen. Es soll ein Ausdruck und Bild seiner selbst sein. Und das muss für ihn und für Sie als Angehörige stimmen – nicht für andere! So ist Ihr geliebter Mensch noch einmal für Sie der, der er immer war. So ist er der, den Sie so sehr geliebt haben und weiterhin lieben dürfen.

Sie dürfen Ihrem geliebten Menschen am Sarg nahe sein

🐚 Wenn Sie mögen – und das ist ein ganz natürliches und normales Bedürfnis –, dann reden Sie mit dem Verstorbenen. Sprechen Sie ihn immer wieder an! Sprechen Sie ihn mit seinem Vornamen oder Kosenamen an. Tun Sie das so, wie es für Sie stimmt: leise, beschwörend, weinend, schluchzend, murmelnd, summend, singend. In dieses Ansprechen können Sie Ihre ganze Liebe hineinlegen, alles, was Sie für Ihren verstorbenen Geliebten empfinden.

🐚 Wenn Sie mögen – und auch das ist eigentlich das Normale – dann berühren Sie den Verstorbenen. Streicheln Sie noch einmal über das Haar, streicheln Sie sanft seine Wangen, halten Sie seine gefalteten Hände, legen Sie noch einmal Ihre Hand auf seine Schultern, küssen Sie seine Stirn. Wenn Sie den Wunsch spüren, jetzt noch einmal ein Foto von Ihrem geliebten Menschen zu machen, dann tun Sie das.

🐚 Vielleicht haben Sie den Wunsch, dem Verstorbenen etwas mitzugeben und ihm in den Sarg zu legen. Das kann ein Brief, ein Familienfoto oder ein symbolisches Geschenk sein. Geben Sie etwas Wichtiges mit, etwas was zu Ihrem geliebten Menschen gehört und was ihn auf seiner Reise – wohin auch immer – begleiten soll.

🐚 Wenn Sie möchten, dann schneiden Sie eine Haarlocke oder Haarsträhne vom Haar Ihres Verstorbenen ab. Sie kann zu einem sehr wichtigen Erinnerungszeichen auf Ihrem Trauerweg werden und Ihnen auch sehr viel später Ihren geliebten Menschen nahebringen.

Gestalten Sie den Abschied aus Ihrer Liebe heraus

- Alles, was Sie jetzt für die Gestaltung des Abschiedes von Ihrem geliebten Menschen tun können, das werden Sie für ihn tun. Sie spüren, dass es gut tut, genau das zu tun, was Sie jetzt tun müssen. Auch wenn Sie vielleicht einen Moment lang das Gefühl haben, nicht zu wissen, was jetzt richtig ist, wissen Sie das in Ihrem Inneren. Sie wissen es, weil Sie diesen Menschen, den Sie jetzt beerdigen müssen, so sehr lieben und ihn so gut kennen.

- Gestalten Sie die Traueranzeige so, dass alles für Sie stimmt: die Größe, die Schrift und die Daten. Suchen Sie einen passenden Spruch, ein Gedicht oder ein Zitat aus, das für Ihren geliebten Menschen und für Ihre Trauer stimmig ist. Mit der Traueranzeige sagen Sie den anderen Menschen und der Öffentlichkeit, was Ihnen und Ihrem geliebten Menschen geschehen ist, nämlich das Schlimmste, sein Tod.

- Laden Sie alle Menschen zur Beerdigung, zum Trauergottesdienst oder zur Trauerfeier ein. Jeder, der Ihrem geliebten Menschen die letzte Ehre erweisen will, ist wichtig – für Sie und Ihren geliebten Menschen.

- Besprechen Sie mit dem Pfarrer, der Pfarrerin, dem Trauerredner oder der Trauerrednerin genau den Ablauf der Trauerfeier. Suchen Sie die stimmige Musik oder die Musiker, die den Abschied für Sie und Ihren geliebten Menschen gut und würdig gestalten sollen. Wählen Sie die passenden Blumen für den Trauerraum, den Sarg und das Grab. Was immer Sie tun, es muss für Ihre Seele heilsam sein und für Ihren geliebten Menschen stimmen.

Erzählen Sie immer wieder vom Sterben und Tod Ihres geliebten Menschen

❦ Erzählen und Berichten tut gut! Erzählen Sie von den letzten Wochen und Tagen, die der Verstorbene auf seinem langen Krankheits- und Sterbensweg erlebt hat. Erzählen Sie anderen von dem, was beim Unfall, dem plötzlichen Tod oder dem Suizid passiert ist. Umgekehrt befragen Sie die, die beim Tod Ihres geliebten Menschen dabei waren. Es ist wichtig, dass Sie so viel als möglich über dessen Sterben und Tod erfahren und wissen.

❦ Erzählen Sie das Geschehene anderen Menschen, die danach fragen. Bei Ihren Angehörigen und Freunden können Sie es immer wieder neu und auch in vielen kleinen Details erzählen. Machen Sie sich klar, dass Sie all das auch sich selbst erzählen. Je mehr Sie es erzählen, umso mehr beginnen Sie zu verstehen, was geschehen ist. Sie würdigen im Erzählen auch, was Ihrem geliebten Menschen zugestoßen ist, können mit ihm fühlen und später dann auch besser verstehen, wie und warum Ihr geliebter Mensch so sterben musste, wie er starb. Dieses Wissen wird Ihnen helfen, den Tod Ihres geliebten Menschen später besser zu verstehen.

❦ Notieren Sie das, was Sie anderen erzählen, und schreiben Sie alles auch für sich auf. Das muss jetzt nicht ausformuliert werden. Es genügen Stichworte oder einzelne Sätze. Doch tun Sie das auf jeden Fall: Jetzt wissen Sie noch viele Details, die Sie später noch einmal aus dem Abstand anschauen möchten und vielleicht dann erst richtig verstehen können. Notieren Sie auch das, was andere Ihnen von Ihrem Verstorbenen, seinen letzten Tagen, seinem Sterben und seinem Tod erzählen. Auch das hilft Ihnen, das Geschehene – nun aus einer anderen Perspektive – zu verstehen.

🌿 Spüren Sie, wie Sie im Erzählen Ihrem geliebten Menschen nahe sind. Im Erzählen ist er für Sie und die anderen plötzlich im Raum. Sie werden entdecken, dass Sie in Ihrem Erzählen bald auch bei früheren, schönen Zeiten mit Ihrem geliebten Menschen sind. Sie und die anderen können dann im Erzählen noch einmal in schöne Zeiten eintauchen. Das ist ein kleiner Trost mitten in der schweren Verlustsituation.

Ihre Gefühle und Ihre Intuition leiten Sie am besten in der Trauersituation

Sie brauchen sich zu nichts zu zwingen, schon gar nicht zu etwas, was Ihnen nicht gut tut. Die besten Ratgeber in Ihrer schweren Situation sind Ihre Gefühle und Ihre Intuition. Natürlich ist Ihnen manchmal der Zugang zu Ihren Gefühlen versperrt, sind Sie sich unsicher oder wissen zunächst nicht, was richtig ist. Aber wenn Sie genau hinspüren, dann wissen Sie in der Tiefe Ihrer Seele sehr genau, was jetzt für Sie und Ihren Verstorbenen richtig ist.

Lassen Sie Ihre Gefühle gelten. Zu Beginn sind das Gefühle des Nichtbegreifens, des Nichtwahrhabens, der Verwirrung und des Schocks. Diese Gefühle haben alle ihren eigenen Sinn: Sie möchten Sie vor der schlimmen Realität Ihres Verlustes schützen. Noch kann Ihre Seele die ganze Wahrheit nicht verkraften. Dazu braucht sie Zeit. Sie kann das unendlich Schlimme nur in kleinen Stücken aufnehmen.

Achten Sie ganz besonders auch auf die Gefühle, die scheinbar nicht zur Verlustsituation passen. Sie werden sehr intensiv Ihre Liebe zu Ihrem Verstorbenen spüren. Das ist nicht nur ganz in Ordnung, sondern sehr wichtig. Jetzt, angesichts des Todes, brauchen Sie Ihre Liebe in einer intensiven Form. Jetzt zeigt sie sich in ihrer ganzen Tiefe. Sie müssen Ihre Liebe nicht aufgeben, ganz im Gegenteil: Sie darf bleiben und wird Ihnen helfen, neue Wege zu finden, wie Sie Ihren Verstorbenen trotz seiner Abwesenheit weiter lieben können.

Vertrauen Sie darauf, dass Sie in den ersten Tagen die Kraft erhalten, die Sie brauchen, um all die Dinge für Ihren geliebten Menschen zu tun. Viele Trauernde wissen nicht, wie sie die nächsten Stunden, die nächste Nacht, den nächsten Tag überleben sollen, und doch gelingt es ihnen. Erst im Rückblick entdecken Trauernde, dass sie auf eine unerklärliche Weise genau die Kraft erhalten haben, die sie jetzt und für den nächsten Schritt brauchten.

Sie dürfen Ihren Schmerz und Ihre Trauer leben

❦ Viele Trauernde möchten andere vor ihrem Schmerz und ihrer Trauer schützen. Manche schämen sich auch ihrer Trauer. Doch der Schmerz und die Trauer wollen gelebt und nach außen gebracht werden. Wenn Schmerz und Trauer da sind, dann dürfen sie da sein, dann dürfen sie gelebt werden. Sie als Trauernde sind für niemand anderen verantwortlich. Sie dürfen es den anderen überlassen, wie diese mit Ihren Gefühlen umgehen.

❦ Kleiden Sie sich so, wie es Ihrer inneren emotionalen Situation entspricht. Wichtig ist allein, dass die Kleidung für Sie stimmt und dass Sie sich in ihr sicher fühlen. Für manche mag es das klassische Schwarz sein, für andere mag es ein anderer Farbton in der Kleidung sein, der den eigenen Gefühlen Ausdruck verleiht. Die Kleidung ist in der Trauersituation auch ein Schutz, den Sie jetzt brauchen.

❦ Wenn Ihr Schmerz und Ihre Trauer aufsteigen, dann lassen Sie diese Gefühle zu. Schluchzen, Weinen, Schreien – was immer aufsteigt, darf nach außen kommen, ganz besonders beim Schließen des Sarges, bei der Trauerfeier oder am Grab. Sie brauchen keine Sorge zu haben, dass Sie dabei zusammenbrechen. Es tut gut, jetzt die oder der zu sein, die oder der Sie jetzt sind. In der Regel brauchen Sie für die Beerdigung auch keine Medikamente, es sei denn, es gibt bei Ihnen eine psychiatrische oder andere Vorerkrankung.

❦ Am besten spüren Sie selbst, zu welchem Zeitpunkt Sie Ihren Schmerz und Ihre Trauer wieder zurücknehmen wollen. Vertrauen Sie darauf, dass Sie den Fluss Ihrer

Trauer aus eigener Kraft auch wieder beenden können. Und sollte dies – was selten vorkommt – einmal nicht gelingen, dann darf Ihre Trauer auch ungehemmt und intensiv aufbrechen. Da geschieht nichts Schlimmes, denn auch Ihre Trauer weiß in der Regel, wann es gut ist aufzuhören.

Tun Sie für Ihren Körper etwas Gutes

❧ Viele Trauernde wollen sich am Beginn des Trauerweges selbst nichts gönnen; doch wenigstens Ihrem Körper sollten Sie etwas Gutes tun. Er leistet in der Trauer Schwerstarbeit. Unser Körper trägt unseren Schmerz und verkörpert unsere Trauer. Und schließlich brauchen wir ihn, um weiterzuleben. Er hat es also verdient, dass wir ihn nicht vernachlässigen.

❧ Es tut gut, wenn Sie Ihren Körper einfach wieder bewusst wahrnehmen. Dazu können Sie sich auf den Boden legen und spüren, an welchen Stellen Ihr Körper den Boden berührt, und umgekehrt, wie Sie an diesen Stellen Ihren Körper spüren. Sie werden dabei auch bemerken, wie Ihr Körper schwer wird, wie Ihr Atem und Ihr Herzschlag ruhiger werden.

❧ Bewegen Sie sich und Ihren Körper. Gehen, Joggen, Walken oder Wandern sind ganz wesentliche Rettungsanker in der Trauer. Im Gehen spüren Sie Ihren Körper wieder, seine Muskeln, den Herzschlag und den Atem. Über den Körper finden Sie wieder den Zugang zu sich selbst und später auch wieder zum Leben. Dabei spielt der Atem eine wichtige Rolle. Nehmen Sie sich Zeit, um bewusst Ihren Atem zu beobachten und spüren. Atmen Sie bewusst aus, machen Sie eine Pause und lassen Sie dann die Luft wieder in Ihre Lungen einströmen. Achten Sie darauf, dass sich dabei Ihre Bauchdecke hebt und senkt.

❧ Wann immer Sie die Möglichkeit haben, gehen Sie ins Freie, um Ihren Körper und damit Ihre Trauer in Bewegung zu setzen. Im Gehen können Sie Ihre Tränen hemmungslos fließen lassen und umgekehrt unterstützt das Gehen das Fließen der Tränen. Es tut gut, über die einfache körperliche Bewegung Ihren Trauerprozess in Bewegung zu bringen und in Bewegung zu halten. Mit der körperlichen Bewegung sagen Sie auch Ihrer Seele, dass es weitergehen wird, auch wenn es sich im Augenblick ganz anders anfühlt.

🕊 Im Gehen können Sie Ihren geliebten Menschen neben sich spüren, er geht mit Ihnen mit. Dabei können Sie mit ihm reden, sich mit ihm unterhalten, mit ihm diskutieren und streiten. Sie merken, dass damit die Beziehung zu Ihrem geliebten Verstorbenen in Gang kommt, dass sie lebendig und nahe wird.

Wie der Schlaf Ihnen in der Trauer helfen kann

❦ Schlafen ist für die Trauerzeit sehr wichtig. Der Schlaf ist vielleicht das einzig Normale in dieser schlimmen Zeit. Versuchen Sie deshalb, Ihre normalen Schlafzeiten einzuhalten und machen Sie die gleichen Rituale beim Zu-Bett-Gehen und Einschlafen wie früher auch.

❦ Wenn Sie möchten, können Sie vor dem Einschlafen noch einmal an Ihren geliebten Menschen denken. Denken Sie an eine schöne gemeinsame Situation und sind Sie in der Erinnerung mit Ihrem geliebten Menschen zusammen. Schicken Sie ihm gute Gedanken; wer mag, kann ein Gebet für ihn sprechen.

❦ Nutzen Sie den Schlaf als eine Unterbrechung Ihrer Trauergefühle und als Pause von der Trauer. Viele Trauernde haben den Wunsch, einfach dem Schmerz zu entfliehen und nicht mehr da zu sein. Der Schlaf ist dafür die beste Möglichkeit. Ziehen Sie die Bettdecke über sich, schließen Sie die Augen, und lassen Sie sich vom Schlaf in das Land des Nicht-Wissens und Nicht-Spürens entführen.

❦ Nutzen Sie die Erschöpfung, die eine natürliche Folge der Trauerarbeit ist. Spüren Sie die Schwere in Ihren Gliedern und in Ihrem Körper. Lassen Sie sich ganz bewusst ins Bett fallen, sinken Sie ins Bett ein, nehmen Ihre Bettschwere wahr und lassen Sie diese auch auf Ihre Augenlider übergehen.

❦ Es wird auch Abende und Nächte geben, an denen Sie lange nicht einschlafen können oder nachts wach liegen. Vieles geht durch den Kopf, zum Beispiel die Warum-Frage. Versuchen Sie dieses Gedankenkarussell zu stoppen und sich an schöne Erlebnisse mit Ihrem geliebten Menschen zu erinnern. Manchmal ist es auch sinnvoll, aufzustehen und etwas zu lesen oder etwas Alltägliches zu tun.

Schreiben Sie die nächtlichen Fragen, Gedanken und Fantasien noch in der Nacht oder am anderen Morgen in kurzen Stichworten auf. Beschäftigen Sie sich dann in den nächsten Tagen ganz bewusst damit und halten Sie Ihre Überlegungen schriftlich fest. Es tut auch gut, anderen von den nächtlichen Fragen zu berichten.

Wenn Sie ein bis zwei Monate lang Schlafstörungen haben, sollten Sie ärztlichen Rat einholen. Länger anhaltende Schlafstörungen könnten ein Symptom dafür sein, dass sich zu Ihrer Trauer eine depressive Verstimmung eingestellt hat.

Sie dürfen sich von anderen helfen und umsorgen lassen

- Sie müssen jetzt nicht stark sein, auch wenn Sie das in den entscheidenden Augenblicken ganz selbstverständlich sein werden. Sie dürfen jetzt auch schwach sein und die Hilfe von anderen annehmen. Akzeptieren Sie, dass Sie ein schwerer Verlust in gewisser Weise wieder zu einem schutzlosen Kind macht.

- Lassen Sie sich von Angehörigen und Freunden in den Arm nehmen. Spüren Sie dabei einfach nur den Halt und die Nähe. Halten Sie das aus, nehmen Sie diese Erfahrung nach innen und lassen Sie sich dabei auch ein wenig fallen. Sie dürfen in den Armen eines Angehörigen und Freundes auch weinen!

- Lassen Sie sich von Ihren Angehörigen und Freunden mit den einfachsten und elementarsten Dingen versorgen, die unmittelbar Ihre menschlichen Grundbedürfnisse und Ihren Körper befriedigen: Lassen Sie sich eine warme Mahlzeit, eine Suppe, einen Tee oder einen Kaffee kochen. Nehmen Sie die Wärme, den Geschmack, die Nährstoffe ganz bewusst in Ihren Körper auf. So spüren Sie Ihren Körper wieder. Damit wissen Sie, dass Sie bei allem Verlorensein sich noch selbst gehören.

- Lassen Sie sich lästige und unangenehme Dinge wie die Autoreparatur oder das Telefonat mit der Bank von Angehörigen abnehmen. Sie haben jetzt etwas Wichtigeres zu tun, nämlich die Dinge, die Sie aus Liebe heraus für Ihren geliebten Menschen tun wollen und müssen. Das allein steht jetzt an und das wird Ihnen gut tun.

● Lassen Sie sich bei schweren Aufgaben begleiten. Schwere Gänge, zum Beispiel zum Beerdigungsinstitut, zu einer Behörde, zur Polizei oder zum Abholen der Kleider des Verstorbenen in der Klinik, müssen Sie nicht alleine machen. Es tut gut, jemanden an seiner Seite zu wissen. Dieser Mensch kann das Wort für Sie ergreifen, wenn Ihnen der Schmerz die Sprache verschlägt oder wenn jemand Sie zu etwas drängen oder überreden will, das Sie nicht wollen.

Wie soll ich überleben ohne dich?

Was Ihnen in der ersten Trauerzeit hilft

Nachdem mit der Beerdigung des geliebten Menschen und den Aufgaben in den Tagen danach das Wichtigste getan ist, kehrt eine unheimliche Ruhe ein. Viele Angehörige und Freunde kommen nach den ersten Trauerbesuchen nur noch selten oder gar nicht mehr. Nun dringt die Realität des Verlustes, der Abwesenheit des geliebten Menschen oder des Alleinseins langsam ins Bewusstsein. Erst jetzt wird – wenigstens in Ansätzen – klar, was eigentlich geschehen ist und was auf Sie als Trauernde oder Trauernden zukommt: nämlich das Leben ohne Ihren geliebten Menschen.

In dieser ersten schlimmen Zeit sind es die ganz einfachen Dinge, die Sie brauchen und die Ihnen helfen, diese Zeit zu überleben. Es geht nicht darum, dass es Ihnen gut geht, sondern dass Sie diese ersten Wochen nach dem Tod Ihres geliebten Menschen überstehen. Es sind überlebensnotwendige, kleinste Dinge, die Sie und Ihre Seele jetzt brauchen. Diese helfen, dass Sie sich überhaupt wieder spüren und merken, dass Sie noch am Leben sind. Es sind allerkleinste Hilfestellungen, die Sie jetzt von Tag zu Tag, von Woche zu Woche am Leben halten. Bei einem schweren Verlust geht es um nichts weniger, aber auch um nicht mehr als um dieses Überleben, jeden Tag für sich und so Tag um Tag. Es ist nicht die Zeit der großen Zukunft, nicht die Zeit der Pläne, sondern die Zeit der kleinen Schritte. Es geht darum, dass Sie Schritte des Überlebens und Schritte zum Überleben tun können und auch tun. Sie werden diese Schritte langsam, unsicher und tastend gehen. Manchmal möchten Sie einfach nicht weitergehen, manchmal liegt es nahe, aufzugeben und selbst sterben zu wollen. All das sind ganz normale und – so schwer es zu ertragen ist – auch notwendige Erfahrungen. Und doch wird es immer wieder auch Momente oder Stunden geben, in denen es Ihnen ordentlich geht. Dann nehmen Sie solche Erfahrungen als kleine Geschenke, die Sie für die weiteren schweren Stunden stärken.

Sie dürfen krank sein – aus Schmerz und Trauer

🌱 Trauer ist keine Krankheit! Trauer ist die richtige und passende Antwort unserer Seele und unseres Körpers auf unseren schweren Verlust. Aber die Trauer ist auch schwerste seelische und körperliche Arbeit unserer Seele. Allein das Aushalten des Schmerzes ist ungeheuer anstrengend. Deshalb sind Trauernde häufig so erschöpft, dass sie oft eine Zeit lang nicht arbeiten können.

🌱 Nach einem Verlust empfinden wir zunächst den Schmerz über den Tod unseres geliebten Menschen. Dieser Schmerz drückt sich auch körperlich aus: Er dringt bis in die Tiefen Ihres Körpers, bis in Ihre Haarspitzen. Und wer Schmerzen hat, der darf auch krank sein. Wie bei anderen Schmerzen hilft oft ein Bad oder eine wärmende Decke, die Sie um sich legen. Und vor allem: Erlauben Sie sich den – auch körperlich zu spürenden – Schmerz, denn was könnte mehr wehtun als der Tod Ihres geliebten Menschen?

🌱 Sie dürfen sich von einem Arzt Ihres Vertrauens krankschreiben lassen. Bleiben Sie zu Hause, nehmen Sie die Zeit für sich, Ihren Schmerz und Ihre Trauer – und vor allem: Lassen Sie sich Zeit für Ihren geliebten Menschen. Jetzt sollten Sie sich die Zeit nehmen, intensiv an Ihren Verstorbenen zu denken, Erinnerungen zu sammeln oder Fotos zu ordnen. Trauerzeit ist nicht nur die Zeit für die Trauer, sondern vor allem auch die Zeit für Ihren geliebten Menschen.

🌱 In der Trauer darf es auch Zeiten geben, in denen Sie nicht funktionieren. Manchmal sitzen Sie einfach nur da und starren ins Leere. Manchmal gehen Sie ziellos und untätig durch Ihre Wohnung. Manchmal möchten Sie etwas tun und wissen im selben Augenblick nicht mehr, was Sie tun wollten. Solche Erfahrungen sind ganz normal und dürfen sein.

Das Untröstliche spüren kann tröstlich sein

❦ Für Trauernde gibt es keinen Trost. Nichts und niemand kann über den Verlust hinwegtrösten. Angehörige, Freunde und Nachbarn versuchen dies zwar oft, aber das kommt bei den Trauernden selten an, im schlimmsten Fall verletzt es Trauernde. Nichts und niemand kann mir das Wichtigste und Liebste ersetzen, eben weil der geliebte Mensch mir der Wichtigste und Liebste war und ist.

❦ Auch wir Trauernden versuchen, dem Schlimmen auszuweichen, und manchmal ist das auch in Ordnung, wenn wir uns zum Beispiel ein wenig ablenken. Aber wir spüren dann oft, dass uns das auf Dauer nicht gut tut. Entweder meldet sich dann unser Körper mit Schmerzen, oder der Schmerz holt uns nach einer gewissen Zeit wie ein Bumerang mit noch größerer Intensität wieder ein.

❦ Stattdessen hilft es, sich zuzugestehen und sich bewusst zu machen, dass nichts und niemand mich als Trauernden trösten kann. Das schmerzt einerseits sehr, andererseits tut es auch gut, diese Untröstlichkeit wahrzunehmen und als das einzig Richtige angesichts einer unendlich schlimmen Situation zu würdigen.

❦ Wenn Sie die Untröstlichkeit annehmen, dann werden zunächst Ihre Tränen fließen. Und zugleich werden Sie sich, ganz unerwartet und gegen alle Vernunft, in Ihrer Untröstlichkeit ein wenig getröstet fühlen, weil Sie sich selbst so annehmen, wie Sie sich wirklich fühlen. Ihre Untröstlichkeit hat einen guten Grund. Sie erkennen, dass Ihre Untröstlichkeit für den so schweren Verlust

Ihres geliebten Menschen stimmig ist. Wenn Sie dem zustimmen, dann sagen Sie ihm, dass ihn nichts und niemand ersetzen kann.

Ein Ort des Rückzugs tut Ihrer Seele gut

In unserer Trauer wollen wir auch alleine sein. Unsere Trauer ist ebenso wie die Beziehung zu unserem verstorbenen geliebten Menschen etwas sehr Intimes, das den Blick von anderen nicht immer brauchen kann.

Suchen oder richten Sie sich einen Rückzugsort ein. Das kann ein Sessel mit einem großen weichen Kissen und einer warmen Decke sein, es kann aber auch das eigene Bett oder eine Bank am Waldrand sein. Sorgen Sie dafür, dass Sie an diesem Ort ungestört und geschützt sind. Achten Sie darauf, dass Sie sich an diesem Ort auch gut gehalten fühlen. Sie können sich dann ganz in den Sessel oder ins Bett fallen lassen und den Halt spüren.

Sie dürfen dort laut und leise, mit und ohne Tränen weinen, Sie dürfen dort schluchzen, vor Schmerz zittern und sich zusammenziehen, schreien, fluchen, schimpfen, die Fäuste ballen – Sie dürfen dort einfach alles so leben, wie es Ihr Schmerz jetzt braucht. Sie dürfen an diesem Ort auch das kleine verzweifelte Kind sein, das jetzt allein zurückgelassen ist, das nicht mehr ein noch aus weiß und das nach dem geliebten Menschen schreit. Diese verzweifelte Kind, zu dem uns die Trauer macht, braucht den Halt eines Rückzugsortes.

Dieser Rückzugsort ist auch deshalb so wichtig, weil Sei dort auch Ihrem geliebten Menschen nahe sein können. Sie können ihn dort körperlich spüren, mit ihm reden oder immer wieder sein Bild betrachten. Der Rückzugsort darf deshalb auch ein Begegnungsort sein, an den Sie den Verstorbenen innerlich mitnehmen können. Und auch das kann tröstlich sein.

Der Alltag kann hilfreich sein

❧ Ein schwerer Verlust unterbricht unser Leben, alles ist anders, nichts stimmt mehr und nichts mehr ist normal. Und dennoch kann gerade die alltägliche Normalität dabei helfen, uns vor dem Versinken im Schmerz und in der Trauer zu bewahren.

❧ Nehmen Sie die kleinen Alltagsrituale wieder auf: das Aufstehen, das Zähneputzen, die Zeitung am Morgen vom Briefkasten hereinholen, das Haustier füttern und was es noch an lästigen, aber jetzt hilfreichen Pflichten gibt. Machen Sie die tausendfach geübten Abläufe solcher Rituale nun ganz bewusst. Anfangs fällt das noch schwer, manchmal geht es nur ganz langsam, aber dann spüren Sie, wie Ihnen diese sonst völlig unbewussten Rituale jetzt Halt geben.

❧ Tun Sie die Dinge, die jetzt angesichts des Verlustes sinnlos, ja verrückt zu sein scheinen: die Garage kehren, einen alten Schrank aufräumen oder irgendwelche Papiere oder Bankauszüge ordnen. Das Wichtigste ist: Tun Sie etwas! Es tut gut, in einer Situation, in der Sie gar nichts mehr tun können, doch noch irgendwie handeln zu können.

❧ Auch vorübergehende Ablenkung kann gut tun. Anfangs allerdings können Trauernde sich oft nur schlecht konzentrieren, sodass Lesen oder sogar das Fernsehen schwerfällt. Doch versuchen Sie es immer wieder. Anfangs geht das Fernsehen, das Blättern in einer Illustrierten oder das Hören der Nachrichten vielleicht nur für wenige Minuten. Und doch merken Sie, dass Sie dabei wenigstens ganz kurz nicht bei Ihrem eigenen

Schicksal, sondern in der Welt der anderen waren. Es ist völlig in Ordnung, so ein wenig aus der eigenen Situation auszusteigen und sich abzulenken, auch wenn Sie nachher wieder in das eigene Leben zurückkehren müssen.

Mit lieben Menschen zusammen sein

🌱 Es tut gut, in der Trauer mit lieben Menschen zusammen zu sein, besonders mit denen, die Ihren geliebten Menschen kannten und kennen. Auch wenn Ihre Angehörigen und Freunde vielleicht nicht so intensiv trauern wie Sie, so sind sie doch auch traurig. Sie werden Sie am besten verstehen und wenigstens einen kleinen Teil des Trauerweges mit Ihnen gehen können.

🌱 Bei diesen mitbetroffenen, lieben Menschen dürfen Sie von Ihrer Trauer und all Ihren anderen Gefühlen reden. Ja, hier dürfen Sie auch jammern. Auch das darf sein, auch das tut gut. Es ist doch ein großer »Jammer«, dass Ihr geliebter Mensch nicht mehr leben darf. Bei Ihren Angehörigen dürfen Sie auch das verzweifelte, alleingelassene Kind sein. Solch ein Kind nimmt man am besten in die Arme, drückt es schweigend an sich und lässt es in seinen Armen weinen. Lassen Sie als Trauernde genau das zu!

🌱 Wenn Sie mit Angehörigen und Freunden zusammen sind, machen Sie einfache Dinge: spazieren gehen, gemeinsam kochen oder essen, über die Vergangenheit reden oder einfach schweigend dasitzen. Allein die Nähe der anderen tut jetzt gut.

🌱 Manchmal werden Sie von Angehörigen und Freunden zum Ausgehen eingeladen. Das ist oft sehr gut gemeint, aber im ersten halben Jahr ist das für viele Trauernde ein zu früher Zeitpunkt. Prüfen Sie sehr genau, ob Sie schon ins Theater, ins Kino oder in ein Konzert gehen möchten. Achten Sie auch hier gut auf Ihre eigenen Bedürfnisse. Lehnen Sie gegebenenfalls freundlich ab, bedanken sich für das Angebot und erklären Sie, dass Sie sich noch nicht recht freuen können. Stellen Sie eventuell in Aussicht, dass Sie das dann später gerne nachholen möchten.

Sammeln Sie so bald als möglich erste Erinnerungen

❧ Trauerarbeit ist nicht – wie vielfach verstanden – nur Abschiedsarbeit, sondern es ist die Arbeit, den geliebten Menschen in der Liebe, im Inneren und im Gedenken zu bewahren. Mit dieser Arbeit sollten Sie so früh als möglich beginnen, indem Sie alle Erinnerungen und Erinnerungsgegenstände zusammensuchen und sammeln.

❧ Suchen Sie jetzt nach den letzten Fotos, die es von Ihrem geliebten Menschen gibt. Fragen Sie Freunde, Bekannte, Angehörige und Nachbarn, ob sie noch solche – Ihnen vielleicht unbekannt gebliebenen – Fotos oder Filmaufnahmen besitzen. Sie werden überrascht sein, wie viele solcher Fotos Sie geschenkt bekommen. Jedes neu entdeckte, bisher unbekannte Foto wird wie ein Gruß des Verstorbenen an Sie sein, der Ihnen gut tun wird.

❧ Bitten Sie die Angehörigen, ob sie Ihnen Geschichten, Erfahrungen mit Ihrem geliebten Menschen und anderes Wichtige aufschreiben und schenken. Gehen Sie von sich aus aktiv auf die anderen zu. Die anderen scheuen sich oft, Ihnen ihre Erinnerungen und Fotos zur Verfügung zu stellen, weil sie die – unbegründete – Sorge haben, Sie damit zu belasten. Oft sind die anderen aber froh, wenn sie von Ihnen eingeladen werden, Ihnen Bilder oder Geschichten zu geben.

❧ Jetzt geht es um das Sammeln von Erinnerungen, deshalb suchen Sie mit allen Sinnen: Sammeln Sie alles, was Ihnen auffällt und in die Hände fällt. Das können auch scheinbar unwichtige, ja unsinnige Dinge sein, doch jedes erzählt eine Geschichte von Ihrem geliebten Menschen. Ein Kassenzettel erinnert Sie an einen gemeinsamen Einkauf, eine Kinokarte an einen gemeinsamen Kinobesuch oder die Postkarte an einen gemeinsamen Urlaub. Werfen Sie nichts weg. Später können Sie die zu Beginn gesammelten Erinnerungsstücke und Fotos sortieren, zusammenstellen oder weggeben.

Ein Gedenkort lässt Ihren geliebten Menschen Ihnen nahe sein

- Es ist wichtig, dass Ihr geliebter Mensch in Ihrer Wohnung oder unmittelbaren Umgebung einen guten Platz erhält. Anfangs werden Sie vielleicht viele Fotos aufstellen oder aufhängen, weil Sie damit Ihrer Sehnsucht nach Ihrem geliebten Menschen Ausdruck verleihen. Später sollten Sie versuchen, dies an einer Stelle zu konzentrieren, sodass Ihr geliebter Mensch einen besonderen, aber auch begrenzten Platz erhält.

- Überlegen Sie, an welcher Stelle Ihrer Wohnung Sie diesen Gedenkort einrichten wollen. Gibt es eine bestimmte Bilderecke, ist es ein kleiner Tisch im Wohnzimmer, ist es eine Stelle im Flur Ihrer Wohnung? Wo passt es für Sie und Ihre anderen Familienangehörigen? Wichtig ist, dass es für alle stimmt, und zwar so, dass Ihr geliebter Mensch präsent ist, mit seiner Präsenz die anderen Familienmitglieder aber nicht zur Seite drängt.

- Wählen Sie die schönsten und wichtigsten Bilder und Erinnerungsgegenstände aus. Stellen Sie sie liebevoll zusammen, sodass der Gedenkort Sie in vielfältiger Weise an Ihren geliebten Menschen erinnert. Halten Sie dann immer wieder inne, schauen Sie bewusst ein Bild oder einen Erinnerungsgegenstand an und spüren Sie, wie Ihnen damit der Verstorbene nahe kommt.

- Manche Trauernde wünschen sich einen Gedenkort im Garten. Hier kann es ein besonderer Stein sein, ein neu gepflanzter Baum oder ein Blumenbeet. Wenn Ihr Blick dann aus dem Fenster fällt oder Sie in den Garten kommen, werden Sie an Ihren lieben Menschen erinnert. Dann können Sie einen Augenblick innehalten und ihm nahe sein.

Im Weinen können Sie Ihren geliebten Menschen spüren

- Weinen ist schmerzlich, und doch tut Weinen gut. Allerdings können Trauernde nicht immer weinen, weil der Schock es nicht zulässt oder weil alle Tränen geweint sind. Vor allem Männer tun sich mit dem Weinen schwer. Natürlich können Sie sich nicht zum Weinen zwingen, aber suchen Sie solche Situationen auf, in denen Sie weinen dürfen.

- Es klingt komisch und doch ist es gerade für Trauernde wichtig, die nicht weinen wollen und können: Geben Sie sich immer wieder Anlass und den Anstoß zum Weinen. Gehen Sie an das Grab oder in das Zimmer des Verstorbenen, schauen Sie sich Fotos von Ihrem geliebten Menschen an oder sprechen Sie laut seinen Namen aus. Achten Sie dabei darauf, wo es in Ihrem Körper warm oder heiß wird.

- Wenn Sie Ihre Trauer spüren, dann lassen Sie sie in Ihrem Körper emporsteigen. Spüren Sie, wie Ihre Trauer im Bauch- oder Brustraum bereit ist, nach oben zu fließen. Dann lenken Sie Ihren Atem an diese Körperstelle und lassen Sie die Trauer über Ihre Atemwege nach oben kommen und in die Augen fließen. Nehmen Sie Ihre Tränen in den Augen wahr, lassen Sie sie über Ihre Wangen fließen und schmecken Sie das Salz Ihrer Tränen.

- Das Fließen-Lassen der Tränen tut gut. Im Fließen kann sich die Trauer ein Stück lösen und abfließen. Das können Sie auch als Erleichterung und als Lösen eines körperlichen Drucks erleben. Danach können Sie auch wieder besser atmen. Im Fließen Ihrer Tränen bleibt auch Ihre Trauer im Fluss. Das ist sehr wichtig, weil die Trauer auf Ihrem Trauerweg so weicher und milder werden kann.

- Und noch etwas tut beim Fließen-Lassen der Tränen gut. Dies wurde in der bisherigen Trauerpsychologie oft übersehen: Im Trauern, im Weinen und in den Tränen sind Sie Ihrem geliebten Menschen nahe. Sie trauern immer *um* Ihren geliebten Menschen und vergießen *für* ihn Ihre Tränen. Deshalb ist er *in* Ihrer Trauer präsent und Ihnen nahe.

Gestalten Sie Ihre Trauer und Ihren Schmerz

- Am Beginn Ihres Trauerweges überschwemmen Sie der Schmerz, die Trauer, die Leere oder die Verzweiflung immer wieder wie Flutwellen. Sie kommen mit großer Wucht, schlagen über Ihnen zusammen und drohen Sie zu verschlingen. Trauernde sind ihnen oft ausgeliefert und können sie kaum steuern.

- Wehren Sie sich nicht gegen die Flutwellen der Trauer und des Schmerzes. Lassen Sie sie kommen und wieder gehen. Sie werden merken, dass diese Wellen mit der Zeit nicht mehr so hoch sind und nicht mehr so oft kommen. Dann können Sie zunehmend selbst bestimmen, ob Sie ganz bewusst wieder in die Trauer eintauchen wollen. Es gibt dann Zeiten, in denen das bewusste Erleben der Trauer notwendig ist, und es gibt Zeiten, in denen Sie die Trauer auch ganz bewusst zurückhalten können.

- Damit uns die Trauer nicht mehr nur überflutet oder ohnmächtig zurücklässt, ist es gut, sie zu gestalten. Überlegen Sie, mit welchem Symbol oder Bild sich Ihre Trauergefühle am besten ausdrücken und beschreiben lassen. Vielen Trauernden tut es gut, diese zu malen oder in einer Skulptur aus Ton oder Holz zu formen. Wenn Sie ungern malen, dann suchen Sie im Internet ein Bild Ihrer Trauer und drucken sich dieses aus: eine einsam dastehende Trauerweide, ein abgebrochener vertrockneter Ast oder herabfallende Wassertropfen. Wir gestalten unsere Trauergefühle wie Schmerz, Trauer, Wut, Ohnmacht und Verlassensein auch, wenn wir diese Gefühle anderen mitteilen und von ihnen sprechen.

Lernen Sie Ihre Trauergefühle immer besser kennen. Wie fühlen Sie sich an? Sind sie schwer und drückend, brennend oder dumpf, kantig oder rund? Zu welchen Zeiten und in welchen Momenten sind sie besonders stark? Wo in Ihrem Körper spüren Sie Ihre Trauer? Wenn Sie so Ihre Trauergefühle genauer erspüren, verstehen Sie auch deren Sinn besser. Oft verändern sich die Gefühle dabei, werden leichter oder lösen sich in Tränen auf. Diese kleinen Anzeichen, wie der Schmerz und die Trauer sich verändern, geben Ihnen auch die Zuversicht, dass Ihre Trauer und Ihr Schmerz eines Tages milder werden oder sich weit in den Hintergrund Ihres Erlebens zurückziehen.

Würdigen Sie Ihre Trauer als Zeichen Ihrer Liebe

- Versuchen Sie eine positive Einstellung zu Ihrer Trauer zu finden. Natürlich ist Ihre Situation nach dem Tod Ihres geliebten Menschen schlimm und schmerzlich. Doch Ihre Trauer ist nicht negativ oder gar schlecht. Ihre Trauer ist oft intensiv, tief und schmerzlich – aber wie gesagt: Sie ist nicht schlecht. Im Gegenteil: Sie ist die angemessene Reaktion auf den Tod und die Abwesenheit Ihres geliebten Menschen.

- Machen Sie sich klar, dass sich in Ihrer Trauer die Größe Ihres Verlustes und die Bedeutung, die Ihr geliebter Mensch für Sie hat, spiegeln. Die Trauer zeigt intensiv, was und wie viel Ihnen mit Ihrem geliebten Menschen durch seinen Tod genommen wurde.

- So ist Ihre Trauer immer auch Ausdruck Ihrer Liebe zu Ihrem geliebten Menschen. Je größer die Liebe, umso größer der Schmerz und die Trauer. Die Trauer- und Schmerzgefühle sind nichts anderes als die Liebe, die durch den Verlust zutiefst verwundet ist. Wenn Sie so zunehmend Ihre Trauergefühle verstehen, zeigt sich in ihnen Ihre Liebe.

- Das Wissen, dass im innersten Kern der Trauer die Liebe brennt, macht die Trauer nicht kleiner oder weniger schmerzlich, aber umso wertvoller. Wenn Sie in Ihrer Trauer immer wieder die Liebe spüren, kann sich die Trauer allmählich in Liebe wandeln und lösen.

- Natürlich zwingt uns unsere Trauer zu etwas, das wir nicht wollen. Sie zwingt uns allmählich zu realisieren, dass unser geliebter Mensch nicht mehr lebt und nicht mehr kommt. Dagegen wehrt sich in uns alles. Wir wollen nicht, dass unser geliebter Mensch tatsächlich tot ist und nicht mehr wiederkommt. Doch unsere konkrete Erfahrung konfrontiert uns immer wieder mit dieser unausweichlichen Realität. Die Trauer zeigt uns intensiv und körperlich erfahrbar, dass wir mit dem Verlust und mit der Abwesenheit unseres geliebten Menschen leben müssen.

Nehmen Sie sich als Trauernde oder Trauernden an

❦ Viele Trauernde lehnen nicht nur ihre Trauer, sondern auch sich als Trauernde ab. Das ist verständlich, wollen wir doch eigentlich nicht trauern und nicht in Trauer sein. Doch wenn wir uns als Trauernde ablehnen, tun wir uns nichts Gutes: Wir verleugnen uns, verlieren den Kontakt mit uns selbst oder liegen sogar im Kampf mit uns selbst.

❦ Stellen Sie zunächst ganz sachlich fest, dass Sie Trauernde oder Trauernder sind. Die Trauer gehört zu Ihnen, Sie gehören jetzt der Trauer. Die Trauer und der Schmerz kennzeichnen Sie jetzt vor allen anderen Dingen.

❦ Als Trauernde, als Trauernder haben Sie auch einen besonderen Status, nämlich den einer Witwe oder eines Witwers, bzw. den von verwaisten Eltern, eines verwaisten Geschwisters, eines verwaisten Kindes oder eines verwaisten nahen Menschen. In gewisser Weise gehören Sie für längere Zeit nicht mehr zu der Welt der Normalen. Das ist ganz normal! Sie sind anders als die anderen und das hat sein Recht. Früher hat man das durch die schwarze Trauerkleidung sich selbst und den anderen gezeigt. Heute müssen Sie sich das immer wieder neu bewusst machen und auch nach außen hin immer wieder klarstellen.

❦ Als Trauernde, als Trauernder können Sie sich auch gewisse Rechte herausnehmen. Sie müssen nicht mehr alles mitmachen, sie können und dürfen Nein sagen zu Dingen, die nicht zu Ihrer Situation und zu Ihrem Status als Trauernde oder Trauernder passen. Prüfen Sie im-

mer wieder, an welchen Stellen es gut für Sie ist, gut ge-
meinte Angebote oder Ratschläge abzulehnen.

🍂 Stehen Sie zu sich als Trauernde oder Trauernder, die
oder der eine ganz besondere Aufgabe hat, nämlich den
geliebten Menschen zu betrauern und weiter zu lieben.
Wenn Sie dieser Aufgabe und Pflicht nachkommen,
verleiht Ihnen das die Würde einer oder eines Trauernden, die Sie zugleich auszeichnet und schützt.

Wann ist es gut, eine Trauergruppe zu besuchen?

- Der Besuch einer Trauergruppe ist bei schweren Verlusten sehr wichtig und sehr hilfreich. Für unsere Angehörigen, Freunde und Kollegen geht das Leben bald weiter und wir haben nur noch wenige Menschen, mit denen wir intensiv über unsere Trauer und unseren geliebten Menschen reden können. In einer Trauergruppe werden wir sofort verstanden, weil alle etwas ähnlich Schlimmes erlebt haben. Dort können wir mit unserer Trauer die sein, die wir tatsächlich sind.

- Gehen Sie jedoch nicht zu früh in eine Trauergruppe. Es könnte Sie überfordern, die vielen schweren Trauersituationen der anderen zu hören und auszuhalten. Deshalb kann eine Trauergruppe auch immer wieder belastend sein. In der Regel ist es sinnvoll, erst ein halbes Jahr nach dem Tod des geliebten Menschen eine Trauergruppe zu besuchen.

- In vielen Städten gibt es inzwischen Trauercafés. Das ist ein offenes Angebot, bei dem Sie einmal vorbeischauen und einen ersten Kontakt knüpfen können. Längerfristig ist eine fest zusammengesetzte Trauergruppe meist besser. Hier können Sie sich mit der Zeit mehr öffnen. Eine besondere Chance von Trauergruppen liegt darin, dass sich auch Freundschaften über die Trauergruppe hinaus entwickeln können.

- Achten Sie darauf, dass die Trauergruppe zu Ihnen passt und dass Sie sich dort gut aufgehoben fühlen. Es sollte – wenn möglich – eine spezifische Trauergruppe sein, die zu Ihrer Trauersituation passt, also zum Beispiel eine Trauergruppe für trauernde Witwen und Witwer, für verwaiste Eltern oder für Eltern, die ihr Kind in der Schwangerschaft oder bei der Geburt verloren haben. Wer einen nahen Menschen durch Suizid verloren hat, sollte in eine zu dieser besonders schlimmen Erfahrung passende Gruppe gehen.

- Achten Sie darauf, dass die Begleiter und Begleiterinnen der Trauergruppe gut ausgebildet sind. Oft sind es ehrenamtlich ausgebildete Trauerbegleiter, die nicht selten auch einen Verlust erlebt haben. Manchmal ist es auch wichtig, dass es eine professionelle Leitung gibt, zum Beispiel in einer Gruppe von Menschen, die ihren Angehörigen durch Suizid verloren haben. Die Kirchen, Diakonie und Caritas, manche Kliniken und Vereine wie die Verwaisten Eltern bieten in der Regel gut qualifizierte Trauergruppen an. Bei diesen Veranstaltern können Sie sich auch vor Ort nach Angeboten erkundigen.

- Zögern Sie nicht, eine Trauergruppe auch wieder zu verlassen. Die ersten zwei bis drei Sitzungen können durchaus zunächst eher belastend als hilfreich sein. Das ist ganz normal. Wenn Sie sich aber beim dritten bis vierten Treffen immer noch unwohl fühlen, dann sollten Sie nicht weiter in diese Gruppe gehen. Oft hat es dann einfach nicht zusammengepasst, nicht selten ist es auch ein Zeichen, dass Sie eine professionelle Einzelbegleitung brauchen.

Brauchen Sie professionelle Hilfe?

☙ Sollten Sie immer wieder emotionale Abstürze erleben oder sollte es sehr lange dauern, bis Sie wieder aus einem Tief herauskommen, dann sollten Sie sich überlegen, ob Sie nicht professionelle Hilfe in Anspruch nehmen möchten. Bei einem sehr schweren Verlust, zum Beispiel beim Suizid Ihres geliebten Menschen, ist in der Regel rasche professionelle Hilfe sinnvoll.

☙ Wenn Sie Suizidgedanken haben oder wenn Sie unter den oben beschriebenen Schlafstörungen, unter Appetitmangel oder einem geringen Antrieb leiden, dann sollten Sie in Betracht ziehen, dass Ihre Trauer in eine depressive Verstimmung umgeschlagen sein könnte. Die Trauer führt nicht an sich zur Depression. Aber wenn wir schon Tendenzen zur Schwermut oder zum Lebenszweifel haben, kann dies durch einen schweren Verlust bis zur Depression verstärkt werden. Hier ist in der Regel eine doppelte Behandlung nötig: Erstens die Einnahme eines Antidepressivums, das übrigens nicht süchtig macht. Und zweitens die Behandlung durch eine Psychotherapie.

☙ Überlegen Sie in diesem Fall, welcher Psychotherapeut, welche Psychotherapeutin Ihnen gut tun würde. Brauchen Sie jemanden, der einfach nur zuhört, oder jemanden, der viel nachfragt? Brauchen Sie jemanden, der Ihnen viel Zeit lässt, oder jemanden, der Ihnen Anstöße zum Weitergehen gibt?
Machen Sie sich aber nicht nur von Ihrem Kopf, sondern auch vom Gefühl her klar, dass auch die beste Psychotherapeutin Ihren geliebten Menschen nicht wiederbringen kann, sondern Sie bestenfalls einfühlsam in Ihrem ganz eigenen Trauerweg begleiten kann.

Psychotherapeuten, die sich gut auf Trauernde einlassen und mit diesem schweren Thema gut arbeiten können, sind schwer zu finden. Oft kennen andere Betroffene aus Trauergruppen oder die Mitarbeiterinnen und Mitarbeiter von Beratungsstellen Psychotherapeuten, mit denen sie in der Begleitung von Trauernden gute Erfahrungen gemacht haben. Fragen Sie die Psychotherapeuten in jedem Fall, ob sie gerne mit Trauernden arbeiten und mit diesem besonderen Thema Erfahrungen haben.

Wenn dunkle Stunden
und Tage kommen

Was in Trauerkrisen gut tun kann

Die Trauer um den geliebten Menschen ist schlimm genug. Trauernde und ihre Angehörigen können nicht glauben, dass es noch schlimmere Zeiten gibt. Doch solche Abstürze, Tiefs und »schwarze Löcher« gibt es immer wieder, insbesondere im ersten Trauerjahr, aber auch in späteren Zeiten. Solche Trauerkrisen sind schwer auszuhalten, weil neben der Trauer die Gefühle von Leere, Ohnmacht und Verzweiflung dominieren. Deshalb sollten wir in solchen Zeiten besonders achtsam und fürsorglich mit uns umgehen.

Trauerkrisen gehören nicht nur zum Trauerprozess, sondern sind geradezu notwendige Stufen auf dem Trauerweg. Zunächst scheint eine Trauerkrise nur noch weiter in die Tiefe zu führen. Immer dann, wenn wir wieder ein Stück mehr realisieren müssen, dass der geliebte Mensch tatsächlich nicht mehr lebt und nicht mehr kommen wird, haben wir das Gefühl, dass das Leben ohne ihn keinen Sinn macht. Wir fragen uns, ob wir den Trauerweg überhaupt gehen können.

Doch die Trauerkrise stellt nicht nur eine weitere Stufe in der Trauer dar. Vielmehr stellt sie uns mit Nachdruck

die Aufgabe, unsere Liebe zu unserem geliebten Menschen zu vertiefen. In der Tiefe des Schmerzes und der
Trauer sind wir zugleich intensiv mit ihm verbunden. Es
geht darum, in der Tiefe der Trauerkrise wieder neu den
Schatz der Liebe zu unserem geliebten Menschen zu finden und ihn zu heben. Dann ist nicht nur der Sinn einer
Trauerkrise erfüllt, sondern auch Licht am Ende des Tun-
nels eines Trauertiefs sichtbar.

Lassen Sie ein Tief zu – Trauerkrisen sind normal

🐛 Machen Sie sich klar, dass es immer wieder Tiefs und dunkle Stunden geben wird. Das ist ganz normal. Manchmal kündigen sich solche Zeiten an. Wehren Sie sich dann nicht dagegen, sondern stellen Sie sich darauf ein.

🐛 Lassen Sie sich auf die Gefühle und Gedanken solcher Zeiten ein. Fragen Sie sich, was der Auslöser Ihres Tiefs ist. Oft liegt ein Auslöser darin, dass noch einmal Fragen zum Tod Ihres geliebten Menschen aufbrechen. Manchmal kündigt sich im Stimmungstief der herannahende Todestag oder ein anderer belastender Zeitpunkt an. Häufig wird die Trauer intensiviert, weil Sie über Bilder, Erinnerungen oder Gespräche noch einmal mit dem Sterben und Tod Ihres geliebten Menschen konfrontiert werden.

🐛 Ein Tief fordert Sie heraus, sich noch einmal auf Ihre Trauer einzulassen, sie vielleicht wieder intensiver zuzulassen; oft fordert ein Tief uns aber auch dazu auf, uns noch einmal näher mit unserem geliebten Menschen zu beschäftigen. Versuchen Sie, bei aller Trauer auch die Nähe Ihres geliebten Menschen und die Liebe zu ihm zu spüren.

🐛 Versuchen Sie zu verstehen, worauf Sie dieses Tief aufmerksam machen will. Fast immer steckt in einer Trauerkrise eine bisher übersehene oder vermiedene Traueraufgabe, die nun angegangen werden sollte. Greifen Sie die Aufforderung, die in einem Trauertief steckt, auf. Vielleicht müssen Sie noch einen alten Konflikt mit Ihrem geliebten Menschen lösen, vielleicht Ihrem geliebtten Menschen einen guten Platz in Ihrem Leben geben. Nehmen Sie solche Fragen und Anstöße auf, etwas für sich in Ihrem Trauerprozess zu klären, um damit einen Schritt weiter gehen zu können.

Achten Sie in Trauerkrisen besonders auf sich

❧ Trauerkrisen sind schwer auszuhalten. Sie sind ungeheuer anstrengend. Sie lassen uns zweifeln, ob wir es schaffen werden, ohne unseren geliebten Menschen zu leben. Deshalb ist es gerade in solchen Zeiten besonders wichtig, mit sich sorgsam und liebevoll umzugehen. Erlauben Sie sich, dass es Ihnen jetzt »schlecht« gehen darf, das heißt, dass Ihre Trauer in dieser Zeit intensiver sein darf.

❧ Nehmen Sie sich viel Zeit für sich selbst. Vielleicht ist es auch sinnvoll, den Arzt erneut um eine Krankschreibung zu bitten. Nutzen Sie die Zeit, sich mit Ihrer Trauer und Ihrem geliebten Menschen zu beschäftigen.

❧ Suchen Sie in einem Trauertief das Gespräch mit anderen, am besten mit betroffenen Trauernden in einer Trauergruppe. Versuchen Sie im Gespräch mit Ihrer Psychotherapeutin, Ihrem Psychotherapeuten den Sinn dieser schwierigen Phase zu verstehen.

❧ Sorgen Sie in einer Trauerkrise für körperliche Bewegung oder andere körperliche Tätigkeiten, bei denen Sie sich selbst spüren. Gehen Sie wenigstens für eine halbe Stunde nach draußen an die frische Luft und ans Tageslicht. Achten Sie auf Ihre Körperhaltung, die in einer Trauerkrise oft eingesunken oder gebeugt ist. Richten Sie sich – auch gegen Ihre schweren Gefühle – immer wieder ganz bewusst auf und erlauben Sie sich mehrere tiefe Atemzüge.

Wie Ihnen die Kraft zuwächst, die Sie brauchen

❦ In einer Trauerkrise werden Sie sich immer wieder fragen, wie Sie es schaffen sollen, da jemals wieder herauszukommen. Und tatsächlich ist das Trauertief zunächst von einem Gefühl der Ausweglosigkeit dominiert.

❦ Dennoch berichten gerade Trauernde immer wieder, dass ihnen bei aller Ausweglosigkeit genau die Kraft zuwächst, die sie im Moment gerade brauchen, um diese eine schwere Stunde zu überstehen. Vielleicht können Sie das nicht glauben – dennoch gibt es diese Erfahrung vielfach. Vielleicht haben Sie diese Erfahrung aber auch schon selbst gemacht, ohne dass Ihnen das bisher bewusst wurde.

❦ Fragen Sie sich, wie Sie die letzten schweren Stunden überstanden haben. Vielleicht entdecken Sie dann, dass es diese Kraft gibt, die Sie selbst nicht erhofft und in der konkreten Stunde auch nicht gespürt haben. Aber im genauen Rückblick erkennen Sie nun diese immer wieder auftauchende Überlebenskraft gerade am tiefsten Punkt einer Trauerkrise.

❦ Es ist rätselhaft und doch ist es so: Wir bekommen genau die Portion an Überlebenswillen, an Durchhaltevermögen und an Kraft, die wir im Moment brauchen. Leider bekommen wir nicht mehr, aber eben doch das, was gerade in diesem Augenblick vonnöten ist. Es scheint so, dass es tief in unserem Unbewussten eine Kraft gibt, die unser Überleben auch und gerade in der schlimmsten Situation will. Es ist wohl eine Kraft, die wir mit den Tieren teilen und die auch Tiere in einer bedrohlichen Situation um das eigene Überleben kämpfen lässt.

Wie Sie aus schweren Tagen herauskommen

❦ Achten Sie an den schweren Tagen besonders darauf, dass Sie Ihren Tagesrhythmus einhalten und Ihre ganz normalen Alltagsaufgaben erledigen. Der Alltag mit seinen kleinen Ritualen fällt zwar schwer, aber er stützt Sie auch. Sagen Sie sich immer wieder laut vor, dass Sie diese Trauerkrise gut überstehen wollen und werden.

❦ Neben allem Schweren gibt es auch einen Teil in Ihnen, der leben möchte. Manchmal ist dieser Wunsch, leben zu wollen, sehr klein oder von der Verzweiflung zugedeckt. Aber es gibt diesen Wunsch! Spüren Sie diesen Wunsch immer wieder in sich auf und lassen Sie die eben beschriebene Überlebenskraft zur Wirkung kommen.

❦ Prüfen Sie ganz ohne Druck, was Ihnen trotz allem noch – und sei das nur ganz wenig – wichtig sein könnte. Gibt es andere Menschen, die Sie brauchen oder für die Sie da sein wollen? Gibt es Dinge, die Sie noch erleben wollen? Gibt es Vorhaben, die Sie noch zu tun haben, insbesondere jene, die Sie für Ihren geliebten Menschen noch erfüllen wollen?

❦ Schauen Sie nach kleinsten Lichtblicken. Selbst in schweren Zeiten gibt es kleine Augenblicke, in denen der Druck auf der Brust ein wenig leichter wird, der Schleier der Verzweiflung sich ein wenig hebt oder der Kopf freier wird. Achten Sie auf kleine Aufmerksamkeiten, die andere Ihnen – oft ganz unbeabsichtigt – zugute kommen lassen.

Und du fehlst mir so

Was Ihnen im ersten Trauerjahr gut tut

Bei schweren Verlusten gilt es, das erste Jahr zu überleben, den Schmerz und die Trauer auszuhalten und die Liebe zum geliebten Menschen zu bewahren. Trauernde sollten nicht das Ziel haben, dass es ihnen in dieser Zeit schon wieder gut geht. Das sollten auch Angehörige und Freunde nicht erwarten.

Wenn Trauernde im ersten Jahr allmählich spüren, dass sie leben wollen und dass es ihnen immer wieder auch ganz ordentlich geht, dann ist das angesichts einer persönlichen Lebenskatastrophe schon sehr viel.

Ein schwerer Verlust ist für unsere Seele ein existenzieller Einbruch, der uns bis in unsere Persönlichkeit hinein erschüttert. Sie ist durch den Verlust bis in die Tiefe verletzt und verwundet. An der Stelle, an der unser geliebter Mensch zu uns gehörte, brennt eine tiefe Wunde in unserer Seele. Dort bleibt eine Leerstelle, die im Gefühl des Vermissens unendlich schmerzt.

Deshalb brauchen Trauernde bei einem schweren Verlust mehr Zeit, als es unsere schnelllebige Zeit zulassen will.

Und noch eines: Im ersten Trauerjahr braucht unsere Seele viel Aufmerksamkeit, Zuwendung und Fürsorge.

Wenn wir das nicht beachten, wird es von unserer trauernden Psyche eingefordert. Wir tun gut daran, ihr das von uns aus auch zu geben – wohlwollend, unterstützend und fürsorglich. Unsere Seele dankt es uns. Sie wird aus ihrer eigenen Tiefe die Kräfte und Wege finden und zur Verfügung stellen, die wir angesichts unseres Verlustes brauchen.

Die Erfahrung der Nähe kann Sie trösten

🦌 Im ersten Trauerjahr wird das Fehlen des geliebten Menschen zunehmend zur bewussten Realität. Die Gefühle des Vermissens hinterlassen Leere und Trauer. Wer einen Partner verloren hat, erlebt nun auch noch das Alleinsein, die Leere der Wohnung und die Aufgabe, alle Dinge des Lebens nun allein entscheiden und tragen zu müssen.

🦌 Doch trotz der Abwesenheit des geliebten Menschen spüren Trauernde immer wieder auch seine Nähe. Es ist wichtig, sich diese Näheerfahrungen zu erlauben und sie nicht als verrückt oder unnormal abzutun.

🦌 Viele Gegenstände und Orte in Ihrer Wohnung oder in Ihrem Haus erinnern Sie an Ihren geliebten Menschen. Dann bleiben Sie einen Augenblick stehen, denken an ihn und spüren seine Nähe. Manchmal ist es Ihnen, als wäre er jetzt hier, als würde er den Raum erfüllen und seine Person ganz nahe sein.

🦌 Manchmal spüren Sie den Verstorbenen unmittelbar neben sich stehend, manchmal hören Sie ihn, wie er Ihnen etwas sagt, manchmal sehen Sie ihn in einer Menschenmenge – lassen Sie all diese Erfahrungen gelten und freuen Sie sich an ihnen. Vielleicht riechen Sie manchmal an seinen Kleidern, vielleicht benutzen Sie sein Parfüm oder Rasierwasser, manchmal hören Sie seine Musik. So können und dürfen Sie immer wieder Ihren geliebten Menschen ganz nahe bei sich erleben.

🦌 Manchmal gibt es sonderbare Zufälle, in denen Sie ein Zeichen sehen können, das Ihnen Ihr geliebter Mensch schickt. Vielleicht hören sie »zufällig« gerade jetzt ein

Musikstück im Radio, das Ihnen den Verstorbenen nahebringt. Vielleicht öffnet sich der Himmel immer wieder, wenn Sie auf den Friedhof gehen. Vielleicht grüßt Ihr geliebter Mensch Sie in dem Schmetterling, der immer wieder zum Grab kommt. Nehmen Sie auch solche Erfahrungen dankbar auf und spüren Sie darin seine Nähe.

Sie dürfen mit Ihrem geliebten Menschen reden

❦ Sie sind nicht verrückt, wenn Sie mit Ihrem Verstorbenen reden. Viele Trauernde denken selbst, sie wären verrückt, oder sie denken, dass andere sie für verrückt hielten. Deshalb verschweigen viele Trauernde, dass sie ihrem geliebten Menschen über das Reden mit ihm nahe sind. Und doch: Fast alle Trauernde, die einen sehr nahen Menschen verloren haben, sprechen ganz natürlich mit ihm. Viele Trauernde können gar nicht anders und es wäre unnatürlich, sich das Gespräch mit dem geliebten Menschen zu verbieten.

❦ Reden Sie mit Ihrem geliebten Menschen so, wie es für Sie stimmt. Vielleicht reden Sie laut, vielleicht leise, vielleicht auch nur in Gedanken. Vielleicht klagen Sie, vielleicht erzählen Sie einfach, was an diesem Tag passiert ist, vielleicht fragen Sie ihn um Rat. Dieses Reden stärkt Sie selbst und Ihre Beziehung zum Verstorbenen.

❦ Suchen Sie sich einen geschützten Ort für das Zwiegespräch, sodass Sie ganz für sich und mit Ihrem lieben Menschen alleine sein können. Dann können Sie in diesem so intimen Gespräch auch ganz frei sein. Für viele Trauernde ist dieser Ort das Grab oder das Zimmer des Verstorbenen. Andere reden mit ihm vor und zu dessen Foto.

❦ Natürlich bekommen wir in diesem besonderen Zwiegespräch keine Antwort. Manche Trauernde aber spüren eine Antwort oder sehen ein Zeichen, das ihnen der Verstorbene als Antwort zukommen lässt. Auch das ist nicht verrückt, sondern Teil dieses Beziehungsfadens, der zwischen Ihnen und Ihrem geliebten Menschen weitergehen darf.

🐾 Später wird das Reden mit dem Verstorbenen zu einem inneren Gespräch und zu einem inneren Gedankenaustausch. Nun sind nicht mehr viele Worte nötig. Es reicht der Gedanke an den geliebten Menschen, die kurze Anrede oder das Aussprechen seines Namens, um ein inneres Gespräch mit ihm zu beginnen. Beide wissen dann voneinander und beide wissen, was sie jetzt sagen wollen oder was sie jetzt denken.

Was Ihnen zutiefst gut tut:
Die Liebe zu Ihrem geliebten Menschen

🦋 Lange Zeit wurde in der Trauerpsychologie den Trauernden gesagt, dass sie die Liebe zu ihrem verstorbenen Menschen aufgeben müssten, um loslassen zu können und dann die Liebe in neue Beziehungen oder Lebensaufgaben geben zu können. Doch die meisten Trauernden wollen ihre Liebe nicht aufgeben, sondern sie auf eine andere Weise weiterleben. Und aus meiner Sicht ist das nicht nur möglich, sondern es ist genau das, was Trauernden wirklich gut tut.

🦋 Spüren Sie immer wieder die Liebe zu Ihrem geliebten Menschen. Wenn Sie an ihn denken, dann tun Sie es zärtlich und liebevoll. Wenn Sie ein Foto von ihm anschauen, dann lassen Sie die Liebesgefühle in Ihrem Körper zu.

🦋 Vielleicht schreiben Sie dem Verstorbenen einen lieben Brief. Das darf auch ein Liebesbrief sein, in dem Sie ihm schreiben, wie sehr Sie ihn immer noch lieben und wie wichtig er in Ihrem Leben war und immer noch ist.

🦋 Denken Sie immer wieder an besonders schöne, nahe und zärtliche Situationen, die Sie mit Ihrem geliebten Mensch erlebt haben. Achten Sie dabei besonders auf die Körperstelle, an der Sie auch früher Ihre Liebe gespürt haben. Hier werden Sie dann auch jetzt wieder Ihre Liebe wahrnehmen können.

🦋 Wenn Sie Ihre Liebe zu Ihrem Verstorbenen zulassen, dann ist das natürlich immer auch traurig. Sie wünschten, dass Sie ganz konkret lieben dürften. Obwohl die

Trauer oft die Begleiterin der Liebe ist, werden Sie spüren, dass die Liebe für Ihre Seele heilsam und tröstend ist.

Finden Sie einen guten und sicheren Ort für Ihren geliebten Menschen

❦ Wenn wir wissen, wo unser geliebter Mensch gut aufgehoben ist, dann sind wir wieder ein Stück getröstet. Für viele Menschen ist es von vorneherein klar, dass sich ihr geliebter Mensch an einem guten Ort befindet und es ihm dort gut geht.

❦ Auch wenn seine Abwesenheit bleibt, so wissen wir doch, dass der Verstorbene an einem sicheren Ort aufgehoben ist und nicht verloren geht. Deshalb ist es so wichtig, einen guten Platz für ihn zu finden.

❦ Für viele Menschen ist dies ein konkreter Ort, wie das Grab, das Zimmer des Verstorbenen oder die Unfallstelle. Manchmal ist es auch ein Ort, an dem sie oft mit dem Verstorbenen zusammen waren. Suchen Sie solche Orte immer wieder auf, reden Sie dort mit Ihrem geliebten Menschen und erleben Sie dort seine Nähe.

❦ Für viele Trauernde ist das Zimmer, das Büro oder die Werkstatt des geliebten Menschen sehr wichtig. Dort spüren sie seine Anwesenheit, dort ist noch sein Geruch und in der Ausstattung des Raumes ist seine Person noch präsent. Es tut gut, sich immer wieder in diesem Raum aufzuhalten, ins Gespräch mit dem geliebten Menschen zu gehen und Erinnerungen aufsteigen zu lassen. Natürlich ist das immer auch traurig, weil wir jetzt gerne mit dem geliebten Menschen leibhaftig hier in seinem Zimmer zusammen wären.

❦ Vielleicht ist Ihr geliebter Mensch für Sie an einem bestimmten Ort in der Natur: auf einem Stern, am Nachthimmel, im Regenbogen, in den Bergen oder in der

Weite des Meeres. Vielleicht finden Sie Ihren geliebten Menschen an anderen Orten in der Natur. An diesen Orten in der Natur ist der geliebte Mensch so sicher aufgehoben, weil die Natur uns ganz stabil und verlässlich umgibt.

🐝 Machen Sie sich die Orte, an denen Sie Ihren nahen Menschen wissen, immer wieder bewusst. Sie spüren dann, dass Ihr geliebter Mensch dort gut aufgehoben ist und nicht verloren geht. Sie können ihn dort an seinem Ort lassen und ihn im Spüren und Gedenken dort immer wieder aufsuchen.

Wie Kunst und Lesen Ihnen gut tun können

❦ Am Beginn des Trauerweges können sich viele Trauernde nicht mehr auf ein Buch oder eine Musik konzentrieren. Schritt für Schritt sollten Sie aber das Lesen, das Betrachten von Bildern oder das Hören von Musik wieder einüben. Diese Fähigkeiten helfen uns, für Augenblicke unsere Trauer zu überwinden und zur Seite zu stellen. Wir dürfen uns allmählich wieder auf etwas anderes einlassen, ohne dabei unseren geliebten Menschen und unsere Trauer zu verraten.

❦ Sehr hilfreich ist zunächst die Lektüre von Berichten, die andere Trauernde verfasst haben. Hier kann ich mich mit meinen eigenen Trauergefühlen wiederfinden, hier fühle ich mich verstanden und hier kann ich sehen, wie andere mit der schlimmen Verlustsituation umgehen. Oft sind auch Trauerratgeber sehr hilfreich. Wir sollten dabei darauf achten, dass wir uns von dem Autor und dem Trauerbuch gut verstanden fühlen.

❦ Auch andere Kunstwerke wie Bilder, Skulpturen oder Fotografien in Bildbänden oder bei einer Ausstellung können Ihrer Seele gut tun. Wählen Sie Kunstwerke, die Sie schon immer mochten und die Sie schon immer erfreuten. Auch wenn diese Kunstwerke Ihre Seele jetzt noch nicht so erreichen wie früher, so können sie doch zunehmend wieder Balsam für Ihre verwundete Seele werden.

❦ Auch Musik kann eine tröstende Wirkung in der Tiefe unserer Seele ausüben. Auch hier sollten Sie zunächst die Musik hören, die Sie schon immer gerne mochten oder die Ihnen in anderen schweren Lebenssituationen geholfen hat. Lassen Sie sich in diese Musik hineinnehmen, lassen Sie sich von den Rhythmen und Schwingungen dieser Musik tragen und lassen Sie Ihre Trauer und Tränen in diese Musik hineinfließen.

🌿 Vielleicht schaffen Sie es irgendwann auch wieder, die Musik zu hören, die Ihr geliebter Mensch gerne mochte. Dann können Sie ihm in dieser Musik nahe sein. Sie können die verbindenden Schwingungen spüren und sich im Rhythmus mit Ihrem geliebten Menschen bewegen. Natürlich ist es dann auch traurig, weil Sie diese Musik nie mehr zusammen mit dem Verstorbenen hören oder spielen können.

Dürfen Sie auch verdrängen und vergessen?

🌿 Jeden Tag werden Sie mit der Abwesenheit Ihres geliebten Menschen konfrontiert: sein leerer Platz am Tisch,
sein unberührtes Bett, seine Kleider an der Garderobe
und viele andere Zeichen seiner Abwesenheit fallen Ihnen ins Auge und in die Seele. Das tut zu Recht weh,
das macht traurig. Und manchmal möchten Sie dann
einfach die Augen verschließen, den Tod Ihres geliebten Menschen nicht mehr wahrhaben wollen und einfach alles nur verdrängen.

🌿 Sie dürfen Ihrem Schmerz und Ihrer Trauer auch immer
wieder ausweichen, jedenfalls vorübergehend und zeitweise. Wir können nicht immer in der intensiven Trauer
leben. Das hält unsere Seele nicht aus. Wir dürfen das
Schlimme auch zeitweise beiseitestellen und aus unserem Denken und Fühlen ausblenden. In der Regel melden sich unsere Trauer und unser Schmerz nach einer
gewissen Zeit von sich aus wieder in unserer Seele.
Meist ist sie dann ein wenig heftiger und intensiver, so
als müsste sie sich so eindeutig melden, dass wir sie
nun nicht übergehen können und nun auch nicht übergehen sollten.

🌿 Wir dürfen uns und unsere Situation auch einmal vergessen oder uns ablenken. Unser geliebter Mensch
wünscht uns solche Pausen von der Trauer. In diesen
Pausen können wir uns auf anderes einlassen, ein wenig
aufatmen und eine kleine Erleichterung spüren. Und
das darf uns auch gut tun!

🌿 Sie sollten allerdings Ihre Trauer und den Verlust Ihres
geliebten Menschen nicht dauerhaft verdrängen oder

gänzlich vermeiden. Die Gefahr, dass sich dann Ihre Trauer im Körper und in Ihrer Seele festsetzt, ist sehr groß. Männer sind sehr oft in der Gefahr, den Schmerz und die Trauer ganz zu verdrängen. Menschen, die zum Verdrängen neigen, sollten sich ganz bewusst immer wieder der Realität ihres Verlustes aussetzen. Sie sollten – auch wenn es schwerfällt – ganz bewusst an das Grab gehen oder Fotos vom Verstorbenen anschauen, um darüber wieder in den Kontakt mit ihrer Trauer zu kommen.

Warum die Natur für Trauernde heilsam ist

🌻 Für fast alle Trauernde ist der Aufenthalt in der Natur beruhigend. Die Elemente der Natur wie der Himmel, die Sterne, die Sonne, die Luft, die Erde umgeben uns mit einer großen Selbstverständlichkeit und Sicherheit. Wir sind in der Natur auch mit unserem Schmerz und unserer Trauer aufgehoben.

🌻 In der Natur können wir unsere Trauer auch ausdrücken. Die Natur nimmt unsere Trauer und unseren Schmerz auf wie ein großer weicher Schwamm. Gehen Sie deshalb immer wieder an einen stillen Ort in der Natur und lassen Sie dort Ihre Trauer zu, lassen Sie Ihre Tränen sozusagen in die Erde fließen und Ihr Schluchzen und Seufzen gen Himmel steigen.

🌻 In der Natur können Trauernde ihrem geliebten Menschen begegnen. Viele Trauernde sehen und glauben den Verstorbenen auf einem Stern, im Blau des Himmels, im Regenbogen, in der Weite des Horizonts, im Licht der aufgehenden oder untergehenden Sonne. Der Tod ist für viele Trauernde der Übergang des geliebten Menschen in die Natur oder an einen bestimmten Ort in der Natur. Dort ist der geliebte Mensch aufgehoben und geht nicht verloren. So werden die Natur und einzelne Orte in ihr zu einem sehr sicheren Ort für den geliebten Menschen, dort können wir ihm nahe und deshalb ein wenig getröstet sein.

🌻 Besonders heilsam für viele Trauernde ist das Meer, für manche die Berge. Fahren Sie mit Ihrer Trauer an das Meer. In seiner Weite und Unendlichkeit können Sie Ihrem geliebten Menschen sehr nahe sein. Nehmen Sie sich Zeit für ein langes Verweilen oder für ausgedehnte Strandspaziergänge und lassen Sie sich in die Weite und Unendlichkeit des Meeres hineinnehmen. Erleben Sie dabei die Nähe Ihres geliebten Menschen. Das Meer und die Berge geben uns auch eine Ahnung von der Unendlichkeit und Transzendenz, in der unser geliebter Mensch für immer gut aufgehoben ist.

Was Sie für Ihren geliebten Menschen immer wieder tun können

❧ Wir würden alles für unseren geliebten Menschen tun, wenn er doch nur leben würde und leben dürfte. Wir können nur noch wenig für ihn tun, und doch sollten wir das Wenige ganz bewusst für ihn tun.

❧ Halten Sie den Verstorbenen in der Erinnerung und im Gedenken – in Ihnen selbst und bei anderen. Wenn Sie mit anderen Menschen zusammen sind, erinnern Sie immer wieder an ihn. Sie können zum Beispiel benennen, was Ihr geliebter Mensch in einer bestimmten Situation oder zu einem bestimmten Thema gedacht oder gesagt hätte. Wenn die Situation passt, dann erzählen Sie von ihm. Es reicht, wenn Sie das oft nur kurz oder in einer Andeutung tun. Wichtig ist, dass Ihr geliebter Mensch nicht vergessen, sondern immer wieder genannt und in Erinnerung gerufen wird. Tun Sie das nicht aufdringlich oder zu ausführlich. Dann wissen auch Ihre Angehörigen und Freunde es zu schätzen, wenn Sie den Verstorbenen ins Bewusstsein rufen, nicht zuletzt auch deshalb, weil dieser auch in der Erinnerung der anderen bewahrt ist.

❧ Pflegen Sie sein Grab, eventuell die Unfallstelle oder eine andere Gedenkstelle mit Liebe. Überlegen Sie immer wieder neu, über welche Blumen oder über welches kleine »Mitbringsel« sich Ihr geliebter Mensch freuen würde.

❧ Führen Sie das fort, was dem Verstorbenen eigen oder wichtig war. Vielleicht übernehmen Sie bewusst oder unbewusst eine Geste oder Redensart von ihm, vielleicht übernehmen Sie eine besondere Eigenschaft oder Fähigkeit von ihm und entwickeln diese weiter. Vielleicht setzen Sie ein wichtiges Anliegen Ihres geliebten Menschen um oder fort, vielleicht führen Sie etwas in seinem Sinne weiter. Manche Hinterbliebene engagieren sich in einer Hospiz- oder Trauergruppe, manche spenden für eine gute Sache, die dem Verstorbenen wichtig war. All das tun Sie in der Weiterführung für Ihren geliebten Menschen und damit auch ein wenig für sich selbst.

Träume können tröstlich und traurig sein

● Träume vom geliebten Menschen tun Trauernden sehr gut. In den Träumen kann er ganz nah und sehr »realistisch« erlebt werden. In den Träumen lebt der Verstorbene. Manche Träume sind allerdings auch traurig, weil sie uns sagen, dass der geliebte Mensch in der äußeren Realität tatsächlich nicht mehr lebt. Auch das Aufwachen aus einem schönen Traum kann traurig sein.

● Laden Sie Ihre Seele ein, von Ihrem geliebten Menschen zu träumen. Bitten Sie vor dem Einschlafen Ihr Unbewusstes, dass es Ihnen heute Nacht einen Traum schicken möge, und bitten Sie Ihr Gedächtnis, dass Sie die Träume am anderen Morgen erinnern mögen. Sie können auch in Gedanken den Verstorbenen mit in den Schlaf nehmen. Das hilft nicht nur beim Einschlafen, sondern fördert auch Ihr Träumen von Ihrem geliebten Menschen.

● Legen Sie einen Zettel und einen Stift auf Ihren Nachttisch, sodass Sie nachts oder gleich morgens den Traum mit ein bis zwei Stichworten vorläufig festhalten. Am anderen Tag können Sie dann den Traum anhand der Stichworte vollständig rekonstruieren.

● Führen Sie ein Traumtagebuch. Schreiben Sie Ihre Träume auf, auch diejenigen, die nicht oder scheinbar nicht von Ihrem geliebten Menschen handeln. So üben Sie sich im Träumen und darin, sich Ihrer Träume zu erinnern. Haben Sie Geduld mit Ihrem Unbewussten, bis es Ihnen einen Traum von Ihrem geliebten Menschen schickt.

❦ Tagträumen Sie von dem Verstorbenen. Auch das ist erlaubt, tut gut und fördert ebenfalls Ihr nächtliches Träumen. Tagträumen Sie davon, wie es wäre, wenn Ihr geliebter Mensch wiederkommen würde, was Sie gemeinsam reden und was Sie gemeinsam unternehmen würden.

❦ Falls Sie überhaupt nicht von Ihrem geliebten Menschen träumen können, dann kann das verschiedene Ursachen haben. Wenn Sie ein Antidepressivum oder andere Medikamente einnehmen müssen, unterdrückt dies oft das Träumen oder das Erinnern von Träumen, ebenso kann eine Depression das Träumen blockieren. Sprechen Sie dann mit Ihrem Arzt. Vielleicht lässt Sie ein anderes Medikament wieder träumen. Wenn Sie von der Trauerarbeit zu erschöpft sind, kann der schwere Schlaf ebenfalls das Träumen behindern. Bleiben Sie dann nach dem Aufwachen noch in einem Halbschlaf, in dem manchmal sehr intensive Träume möglich sind. Manchmal blockieren auch alte ungelöste Konflikte zwischen Ihnen und Ihrem geliebten Menschen das Träumen. Hier sind in der Regel psychotherapeutische Gespräche hilfreich, um diese Konflikte nachträglich zu lösen.

Tut mir jetzt schon eine Reise gut?

🌱 Viele Angehörige und Freunde empfehlen Trauernden einen Tapetenwechsel, also einmal von der Trauer wegzugehen und eine Reise zu machen. Doch sie – und so manche Trauernde ebenso – übersehen, dass Trauernde ihre Trauer mitnehmen. Trauernde können sich deshalb im ersten halben, oft auch im ganzen ersten Trauerjahr nicht wirklich auf die Erlebnisse einer Reise einlassen oder sie gar genießen.

🌱 Viele Trauernde fühlen sich im vertrauten Rahmen zu Hause am sichersten, auch wenn sie dabei immer wieder mit ihrem Verlust konfrontiert werden. Aber in der Trauer sind sie ihrem geliebten Menschen am nächsten. Viele wollen auch täglich an das Grab des Verstorbenen gehen, sodass sie auch deshalb nicht in einen Urlaub wegfahren wollen.

🌱 Gehen Sie erst dann in einen – zunächst kürzeren – Urlaub, wenn Sie von innen heraus wirklich den Wunsch danach spüren. Befragen Sie in einem inneren Gespräch Ihren verstorbenen geliebten Menschen, ob er Ihnen das ebenfalls empfiehlt. Wenn Sie auch von ihm eine Zustimmung oder sogar Ermutigung zum Urlaub bekommen, dann können Sie einen Urlaub planen.

🌱 Gehen Sie nicht alleine in einen Urlaub. Am besten ist es, Sie nehmen einen nahestehenden Menschen mit. Für Witwer und Witwen ist es hilfreich, einen ebenfalls betroffenen Trauernden, zum Beispiel aus der Trauergruppe, mitzunehmen. Wenn Sie ein Kind verloren haben, dann gehen Sie nicht an einen Urlaubsort, an dem es viele Familien mit Kindern gibt; wenn Sie einen

Partner verloren haben, dann gehen Sie nicht an einen Ort, an dem Sie nur Paare finden. Gehen Sie nicht an laute und umtriebige Reiseorte. Dort empfinden Sie vielleicht Ihre Trauer und Ihr Alleinsein noch stärker als sonst.

- Planen Sie einen Urlaub, in dem Sie auch aktiv und in Bewegung sein können. Hier empfiehlt sich eine Wander- oder Pilgerreise, vielleicht auch ein Urlaub mit einem Mal- oder Bilderhauerkurs. Immer häufiger werden Trauerreisen angeboten, an denen betroffene Trauernde teilnehmen und die vielen Trauernden sehr gut tun.

- Wenn Sie möchten, dann nehmen Sie auf die Reise oder den Urlaub ein Foto von Ihrem geliebten Menschen mit. So reist er gewissermaßen mit Ihnen und »erlebt« die Reise zusammen mit Ihnen.

- Lassen Sie sich auf die Erlebnisse im Urlaub ein. Ihre Trauer darf und kann dann auch sozusagen Urlaub machen. Erfreuen Sie sich an trauerfreien Zeiten im Urlaub. Es darf Ihnen auch gut gehen, zumal Ihr geliebter Mensch mit Ihnen reist.

- Bereiten Sie sich an den letzten zwei bis drei Tagen auf das Ende des Urlaubs vor. Sie werden spüren, dass nun wieder öfters die Trauer aufsteigt, dass Ihre Gedanken schon immer wieder nach Hause reisen und Ihre Seele spürt, was Sie dort erwartet. Oft ist es schwer, dann wieder zu Hause anzukommen: Die leere Wohnung, die Bilder oder andere Gegenstände vom Verstorbenen erinnern Sie wieder an die schmerzliche Realität, dass Ihr naher Mensch nicht mehr lebt.

Wie Ihnen das Internet helfen kann

* Wer in Trauer ist, will von Fernsehen, Zeitungen und vom Internet nichts wissen. Zu fremd, zu oberflächlich erscheint Trauernden die Welt der Medien. Doch gerade das Internet kann in der Trauer sehr hilfreich sein.

* Viele Organisationen wie die Kirchen, Trauer- und Hospizvereine, aber auch Bestattungsinstitute haben inzwischen sehr gute Homepages für unterschiedlichste Trauersituationen. Dort finden Sie sehr konkrete Informationen, Anleitungen für das Trauern oder hilfreiche Texte und Gedichte. Über manche Portale können Sie auch Kontakte zu gleich Betroffenen knüpfen. So gibt es zum Beispiel eine Homepage für Verwitwete, über die Kontakte hergestellt werden können.

* Seien Sie vorsichtig bei Homepages von privaten Anbietern, die meist auch finanzielle Interessen haben. Hier können Sie auch die Seriosität zum Beispiel von angebotenen Trauerberatungen nicht einschätzen.

* Eine besondere Möglichkeit ist es, eine Homepage für Ihren Verstorbenen einzurichten. Hier können Sie Bilder, Texte und Erinnerungen einstellen. Andere Menschen können dort Ihren geliebten Menschen besuchen und ihrerseits Texte oder Erinnerungen eintragen. Sie selbst können über die Gestaltung der Homepage für sich und Ihren geliebten Menschen etwas Gutes tun. Solch eine Homepage ist besonders hilfreich, wenn Sie ein Kind verloren haben. Andere Jugendliche nutzen dann die Homepage, um ihre Trauer auf für sie geeignete Weise zu zeigen.

Lassen Sie sich Zeit mit Ihrer Trauer

❦ Wie lange darf Ihre Trauer dauern? Die Antwort kann nur lauten: solange Sie selbst und Ihre Trauer es brauchen. Leider signalisieren Ihnen manche Angehörige, Freunde, Nachbarn oder Berufskolleginnen schon nach einem halben Jahr mehr oder weniger direkt, dass es nun an der Zeit wäre, weniger oder nicht mehr zu trauern. Meist meinen es diese Menschen gut mit Ihnen, oft halten sie aber auch Ihre Trauer nicht mehr aus. Dennoch: Sie müssen der inneren Uhr Ihrer Trauer und Ihrer Liebe folgen, nicht äußeren Zeit- und Taktgebern.

❦ Bei schweren Verlusten dauert die Trauer immer länger, als Sie es selbst und Ihre Umwelt erwarten. Auch wenn viele glauben, dass das immer wieder genannte Trauerjahr zur Bewältigung ausreichen sollte, so gilt dies für schwere Verluste nicht.

❦ Das erste Trauerjahr ist meist ein Jahr, in dem Sie die ganze Realität Ihres Verlustes und seine Tragweite noch nicht völlig begreifen können. Ihre Seele und Ihre Liebe wollen einfach nicht wahrhaben, dass Ihr geliebter Mensch nicht mehr leben darf. Das ist auch völlig in Ordnung. Erst im zweiten Jahr realisiert Ihre Seele, dass Ihr geliebter Mensch tatsächlich tot ist und nicht mehr kommen wird. Deshalb kann die Trauer im zweiten Jahr – für viele unverständlich – noch einmal intensiver und heftiger werden.

❦ Bei einem schweren Verlust beginnt die Trauer sich erst im dritten Jahr allmählich zu lösen. Wenn Sie jetzt am Beginn der Trauerzeit sind, werden Sie denken, dass Sie das so lange kaum aushalten werden. Immer wieder

werden Sie sich fragen, wie Sie diesen langen Trauer-
weg überhaupt bewältigen sollen. Doch Sie werden die
Erfahrung machen, dass die Trauer Sie Schritt für
Schritt diesen Weg führt. Sie können nichts anderes tun,
als sich auf den langen, aber notwendigen Weg der
Trauer einzulassen.

Den ersten Todestag erleben und gestalten

🌱 Wenige Wochen vor dem Ende des ersten Trauerjahres wird sich Ihre Trauer wieder verstärkt melden. Manchmal sind es auch undefinierbare Gefühle von Bedrückung und Schwere. Ihre Seele spürt unbewusst schon früher als Ihr bewusstes Ich, dass nun der erste Todestag naht. Alltägliche Eindrücke wie die Jahreszeit, die Wettersituation, aber auch einzelne Erinnerungen an die Zeit kurz vor dem Tod Ihres geliebten Menschen zeigen Ihrer Seele, dass es jetzt auf diesen schlimmen Tag zugeht.

🌱 Nehmen Sie diese Gefühle als Impuls, sich auf den ersten Todestag Ihres geliebten Menschen vorzubereiten. Natürlich würden wir diesen Tag gerne aus unserem Leben streichen und ihn vermeiden. Doch wir sollten uns dem stellen, was an diesem Tag und in den Tagen zuvor geschehen ist.

🌱 Überlegen Sie, wie Sie den Tag gestalten wollen. Möchten Sie ihn allein für sich oder zusammen mit Angehörigen und Freunden erleben? Es tut gut und hilft auch als Ritual, sich mit Freunden und Angehörigen zum Kaffee oder Essen zu treffen und gemeinsam Fotos aus dem Leben des geliebten Menschen anzuschauen. Danach können Sie dann gemeinsam an das Grab des Verstorbenen gehen. Vielleicht möchte jemand am Grab etwas Persönliches sagen, ein Gedicht, Gebet oder Bibeltext sprechen, Blumen ablegen oder eine Kerze entzünden. Vielleicht möchten Sie später auch noch einmal alleine in aller Stille ans Grab gehen, um mit Ihrem geliebten Menschen zu reden und mit ihm zusammen zu sein.

Stellen Sie sich darauf ein, dass dieser Tag sehr traurig wird. Als Ihr geliebter Mensch vor einem Jahr verstarb, konnten Sie das nicht wirklich bewusst wahrnehmen. Nun können Sie noch einmal bewusst zulassen und sich spüren lassen, was damals geschah. Am ersten Todestag wird das Irreale nun auch in Ihrem Inneren und in Ihrer Seele real. Weil diese Realität nun das Innerste Ihrer Seele erreicht, tut dies noch einmal sehr weh.

Kann Ihnen der Glaube helfen?

🐞 Jeder schwere Verlust fordert uns heraus, uns mit der Frage des Glaubens auseinanderzusetzen. Bei manchen wird ein bisher sicherer Glaube erschüttert und infrage gestellt, mancher wendet sich enttäuscht vom Glauben ab und andere sind in ihrer bisherigen Ablehnung des Glaubens durch den Tod des geliebten Menschen bestätigt.

🐞 Manche Menschen aber entdecken gerade im Verlust und im tiefen Erleben der Liebe, dass es die Dimension der Transzendenz und des Göttlichen gibt. Manche erleben gerade in der Trauer eine tröstliche Nähe Gottes. Für solche Trauernde ist es selbstverständlich und tröstlich, dass ihr geliebter Mensch bei Gott seinen guten und sicheren Platz gefunden hat. Wenn Sie so den Glauben erfahren, dürfen Sie dafür dankbar sein. Viele Untersuchungen zeigen, dass im Glauben verankerte Menschen besser mit einem schweren Verlust leben können.

🐞 Manche Trauernde wünschen und sehnen sich, dass ihr geliebter Mensch auf ewig gut aufgehoben ist und dass sie ihn eines Tages wiedersehen werden. Hier stellt sich die Frage, ob es einen jenseitigen, transzendenten Ort gibt, an dem der Verstorbene für immer gut aufgehoben ist. Wir Hinterbliebenen kommen dann am Ende unseres eigenen Lebens an diesen Ort, um unseren geliebten Menschen in die Arme zu schließen.

🐞 Wer aus der christlichen Tradition kommt, kann für sich sehr hilfreiche und tröstliche Bilder aufgreifen. Der Verstorbene ist im Himmel, im Paradies, im Schoß Gottes, in den Händen Gottes, in seinem Haus oder an seinem Tisch angekommen und dort für immer und ewig gehalten und geborgen.

🐚 Manchen Menschen helfen Bilder aus anderen religiösen oder spirituellen Hintergründen. So ist das ewige Licht in vielen Traditionen der Ort, in das die Verstorbenen eingehen und in diesem transzendenten Licht geheilt und verwandelt werden. Menschen, die aus dem fernöstlichen Denken kommen, sehen ihren geliebten Menschen in das Ganze eingehen und aufgehoben wie die Welle im Meer.

Wie Sie mit der Sinnfrage umgehen können

❦ Warum? Trauernde kennen diese Frage nur zu gut. Immer wieder quälend, stundenlang, nächtelang brennt diese Frage. Warum musste es passieren? Warum musstest du sterben? Warum gerade du, warum gerade ich? Wir müssen diese Frage stellen, weil wir wissen wollen und wissen müssen. Wir müssen diese Frage durchleiden, auch wenn wir immer wieder an die Mauer kommen, an der wir mit unseren Fragen nicht weiterkommen. Wir werden immer wieder an diese Mauer des Nichtwissens stoßen, bis wir deren stumme Härte erfühlen und erkennen müssen.

❦ Manchmal ist es gut, die Warum- und Sinnfragen im inneren Gespräch mit unserem geliebten Menschen zu besprechen. Trauernde erhalten dann als Antwort oft ein wissendes Lächeln oder die Antwort, dass die Sinnfrage für den Verstorbenen jedenfalls nicht mehr wichtig ist. Dann kann die Warum-Frage auch für den Trauernden an Wichtigkeit verlieren.

❦ Manchmal ist es gut, die Sinnfrage an eine höhere Macht oder an Gott abzugeben. Auch wenn ich keinen Sinn im Tod meines geliebten Menschen erkenne, dann kennt vielleicht Gott diesen Sinn. Ich selbst kann die Zusammenhänge nicht sehen, aber vielleicht sind die sinnvollen Zusammenhänge aus der Sicht und aus der Warte Gottes klar und einleuchtend.

❦ Manchmal ist es gut, die Sinnfrage auf die Zukunft zu verschieben. Ich kann jetzt meine Warum-Fragen nicht beantworten, aber vielleicht erschließen sich Antworten später, nämlich dann, wenn ich mehr Abstand zum

Tod meines geliebten Menschen und zu meinem Leid habe. Vielleicht zeigen sich die Antworten aber auch erst in meinem Tod, bei unserem Wiedersehen oder in der Ewigkeit.

Lernen Sie, auf ein Wiedersehen zu hoffen!

🐦 Angesichts des Todes und der Abwesenheit des geliebten Menschen verlieren viele Trauernde ihre Hoffnung.
Worauf sollen sie hoffen? Der geliebte Mensch kommt
doch nicht mehr zurück und die dunkle Leere versperrt
alle Blicke in eine hoffnungsvolle Zukunft. Oft haben
sie auch während einer langen Krankheitszeit immer
wieder gehofft und wurden mit jeder schlimmen Dia-
gnose erneut in ihrer Hoffnung enttäuscht.

🐦 Eine große Hoffnung allerdings gibt es: den geliebten
Menschen eines Tages wiederzusehen, nicht in diesem,
sondern in einem ganz anderen, transzendenten und
ewigen Leben. Diese Hoffnung sollten sich Trauernde
nicht nehmen lassen. Natürlich ist solch eine Hoffnung
nicht rational zu begründen, schon gar nicht sicher zu
beweisen. Und doch hilft diese Hoffnung, den Schmerz
und die bleibende Abwesenheit des geliebten Menschen zu ertragen. Insofern ist die Hoffnung angesichts
des Verlustes eines geliebten Menschen die vernünftig-
ste Haltung, weil sie jetzt das Leben erleichtert und eine
Tür in der Zukunft offen hält. Und durch diese Tür fällt
das Licht des zukünftigen Wiedersehens auf die Trauer
hier.

🐦 Wenn Sie möchten, können Sie sich Bilder von diesem
Wiedersehen ausmalen. Diese Bilder können sehr tröstlich sein, auch wenn sie kein sicheres Wissen, sondern
eben eine vorgestellte Hoffnung vor unserem inneren
Auge darstellen. Das Wiedersehen könnte eine Umarmung oder ein Tanz im Himmel, eine Begegnung im
Licht der ewigen Liebe oder die liebevolle Begegnung
bei Gott sein. Vielleicht kann mit diesen Bildern aus der

Hoffnung auch eine innere Gewissheit entstehen, dass sich alles Getrennte – Sie und Ihr geliebter Mensch – wieder findet.

Ich liebe dich für immer

Wie es Ihnen allmählich wieder gut gehen darf

Obwohl sich alle Trauernden wünschen, dass es ihnen wieder gut geht, ist dies doch noch einmal ein großer, manchmal schwerer Schritt. Das ist für Trauernde, aber auch für die Angehörigen oft kaum verständlich. Wenn Trauernde allmählich ihre Trauer zurücklassen, fürchten sie, den Verstorbenen zu verraten oder zu verlieren. Doch das Leben nach dem Tod des geliebten Menschen ist nicht einfach nur die Wiederaufnahme des alten Lebens. Das Leben nach dem Tod eines wichtigen nahen Menschen ist ein anderes Leben, auch deshalb, weil es bei dessen Abwesenheit bleibt. So wird es immer wieder Momente geben, in denen die Trauer oder Wehmut zurückkehren und uns schmerzlich an die Abwesenheit unseres geliebten Menschen und damit immer wieder auch an ihn selbst erinnern werden.

Aber vergessen wir ihn nicht, wenn es uns wieder gut geht? Diese Sorge ist nicht ganz unbegründet, denn tatsächlich tritt der geliebte Mensch dann in den Hintergrund des Erlebens. Doch dabei geht er nicht verloren. Es genügt ein Moment des Innehaltens und des liebevollen Gedenkens, damit er wieder präsent ist. Häufig ist es sogar so, dass der geliebte Mensch gerade in schönen, manchmal auch glücklichen Momenten ganz plötzlich und sehr intensiv präsent ist. Deshalb dürfen wir uns wieder auf das Leben einlassen, weil wir ihn in unserem Inneren ins Leben mitnehmen. Er lebt mit uns, gerade auch das Schöne, Gelingende und Glückende. Und schließlich wünscht gerade er uns am dringlichsten, dass wir unser so anderes Leben nach seinem Tod wieder zu unserem Leben machen.

Die Liebe darf stärker werden und die Trauer kann in den Hintergrund treten

🐞 Die Trauerarbeit ist der Weg, der zunehmend von der Trauer in die Liebe führt. Zu Beginn steht mit der Trauer die Verlustreaktion der Liebe im Vordergrund unseres Fühlens. Und das ist ganz in Ordnung so, will die Liebe doch leiblich, konkret und ganz real lieben. Weil sie das nicht mehr kann, reagiert unsere Liebe mit der Trauer. Sie ist nichts anderes als verwundete Liebe. Doch zunehmend darf sie sich durchsetzen und die Trauer kann in den Hintergrund treten.

🐞 Achten Sie immer mehr auf Ihre Liebesgefühle zu Ihrem geliebten Menschen: Ihre Nähe zu ihm, Ihre Vertrautheit und Verbundenheit mit ihm, Ihre zärtlichen Gefühle für ihn und schließlich die intensive Liebe selbst.

🐞 Wenn Sie an Ihren Verstorbenen denken, dann lassen Sie Ihre Trauer zunächst zu, aber begrenzen Sie dann auch die Trauer. Sagen Sie ihr, dass jetzt etwas anderes angesagt ist, nämlich die Liebe zu Ihrem geliebten Menschen.

🐞 Rufen Sie sich immer wieder das Bild Ihres geliebten Menschen ins Gedächtnis. Stellen Sie sich ihn heiter, fröhlich und lachend vor und freuen Sie sich mit ihm. Lächeln Sie Ihrem geliebten Menschen zu, nicken Sie ihm zu, stellen Sie sich eine liebevolle Umarmung mit ihm vor. Konzentrieren Sie sich auf das schöne Gefühl, das seine Nähe, die Verbundenheit mit ihm und seine Liebe Ihnen schenkt.

Versöhnung erleichtert Ihre Seele und stärkt Ihre Liebe

🌿 Manchmal bedrücken uns noch ungelöste Ärgernisse, Konflikte oder Enttäuschungen, die wir mit dem geliebten Menschen vor seinem Tod nicht mehr besprechen und klären konnten. Das liegt dann nicht nur auf unserer Seele, sondern kann auch die Trauer oder die Liebe zu ihm beeinträchtigen oder blockieren.

🌿 Klären Sie Ungelöstes mit Ihrem geliebten Menschen. Gehen Sie in ein inneres Gespräch mit ihm. Wenn Sie sich für etwas entschuldigen wollen, dann tun Sie das in diesem Gespräch. Sie werden die Erfahrung machen, dass er Ihnen mit einem liebevollen Lächeln verzeihen wird. Für die Verstorbenen ist das, was hier so wichtig war, nicht mehr wichtig.

🌿 Wenn Ihnen vom Verstorbenen zu seinen Lebzeiten Unrecht angetan wurde, bringen Sie im Gespräch mit ihm vor, wo und wie Sie enttäuscht oder verletzt sind. Beschreiben Sie noch einmal die Situationen und Ihre Gefühle der Verletzung. Achten Sie darauf, dass Sie nicht nur anklagen, sondern benennen Sie auch Ihre eigenen Anteile an den ungelösten Themen oder Konflikten.

🌿 Sie können die ungeklärten Dinge auch in einem Brief an Ihren geliebten Menschen schreiben. Legen Sie diesen Brief dann an den Gedenkort in Ihrer Wohnung oder unter einen Stein oder eine Pflanze auf das Grab. Lassen Sie diesen Brief dort und tun Sie nichts Weiteres. Sie werden nach einiger Zeit spüren, dass sich in der Beziehung zu Ihrem geliebten Menschen die alten

Themen lösen, dass sich eine Erleichterung und das Gefühl der Versöhnung einstellen.

🐝 Wenn Sie eine sehr belastete, problematische oder sehr zwiespältige Beziehung zu dem Verstorbenen hatten und noch haben, sollten Sie die Beziehung zu ihm in einer Psychotherapie bearbeiten. Diese intensive, schwere Beziehungsarbeit kann zu einer Aussöhnung verhelfen. Manchmal aber bleibt es auch bei einer Abgrenzung oder Distanzierung zu dem Verstorbenen, weil es jetzt oder in diesem Leben noch keine Lösung gibt. Die Versöhnung kann sich dann später, vielleicht erst in dem anderen Leben nach dem Tod ergeben.

Wann räumen Sie das Zimmer des Verstorbenen aus, wann geben Sie seine Gegenstände weg?

🌢 Das Zimmer, die Werkstatt oder das Büro des Verstorbenen ist für viele Trauernde lange Zeit sehr wichtig. Dieser Raum ist ein Begegnungsraum, in dem wir unsere Beziehung zum Verstorbenen weiterleben können. Wir sollten ihn uns so lange bewahren, wie es unsere Seele braucht. Irgendwann spüren Trauernde aber auch, dass sie diesen äußeren Begegnungsraum nicht mehr brauchen, weil der geliebte Mensch gut in der Seele verankert ist. Manchmal erzwingen auch äußere Umstände wie ein Umzug das Räumen dieses Zimmers, manchmal wird der Raum dringend benötigt.

🌢 Für manche Trauernde ist der Aufenthalt in diesem Raum so schmerzlich, dass sie es vermeiden, sich dort aufzuhalten. Dann wird dieser Raum zu einer unberührbaren, manchmal bedrohlichen Zone in der Wohnung oder im Haus. Dies ist für alle Angehörigen oft sehr bedrückend. Trauernde sollten ihre Angst vor dem Betreten dieses Zimmers behutsam überwinden und den Schmerz zulassen. Sie werden entdecken, dass sie trotz des Schmerzes in diesem Zimmer ihrem geliebten Menschen nahe sein können.

🌢 Wenn Sie das Zimmer Ihres geliebten Menschen ausräumen möchten oder auch müssen, dann gehen Sie langsam und bewusst vor. Stellen Sie sich darauf ein, dass das noch einmal eine Phase verstärkter Trauer auslösen wird. Gehen Sie in den Raum und schauen Sie ihn sich genau an. Vielleicht möchten Sie noch einige Fotos von dem Zimmer machen.

❦ Mit den Gegenständen dieses Zimmers oder mit anderen Gegenständen Ihres geliebten Menschen gehen Sie so vor, dass Sie zunächst überlegen, welche Gegenstände Sie als Erinnerungsstücke in jedem Fall aufbewahren möchten. Diese legen Sie ganz bewusst in ein Behältnis, das zur »Schatztruhe der Erinnerungen« werden kann. Die anderen Gegenstände, die Sie abgeben oder wegwerfen wollen, legen Sie ganz bewusst weg. Lassen Sie zu jedem Gegenstand Erinnerungen aufsteigen. Die können Sie notieren oder gut in Ihrem Gedächtnis verankern.

❦ Nun räumen Sie die Möbel des Zimmers langsam und mit großer Achtsamkeit aus. Rufen Sie sich in Erinnerung, welche gemeinsamen Erfahrungen mit ihnen verbunden sind. Spüren Sie dabei auch noch einmal die Trauer, aber machen Sie sich zugleich bewusst, dass Sie Ihren geliebten Menschen ganz sicher und unverlierbar im Herzen tragen. Lassen Sie nun die Leere des Zimmers auf sich wirken, bevor Sie das Zimmer zum letzten Mal verlassen oder es mit anderen Möbeln neu beziehen.

Wie Ihre Trauer allmählich leichter wird

☙ Ihre Trauer verändert sich! Oft merken Sie das gar nicht. Anfangs gibt es auch Phasen, in denen die Trauer intensiver und schwerer wird. Doch gegen Ende des zweiten Trauerjahres, oft aber auch erst zu Beginn des dritten wird sie leichter und milder.

☙ Achten Sie auf die kleinen Zeichen, die Ihnen zeigen, wie Ihre Trauer leichter wird. Spüren Sie immer wieder in Ihren Körper, weil sich in ihm zeigt, dass sich Ihre Trauer verändert und entwickelt. Sie können öfters wieder freier atmen, der Druck auf Ihren Schultern oder Ihrem Brustkorb schwindet zusehends und die Muskeln sind nicht mehr so schwer. Sie gehen manchmal geradezu beschwingt und die Welt erscheint nicht mehr so dunkel. Sie spüren dann auch, dass Sie wieder mehr Energie haben und manch Unerledigtes jetzt wieder anpacken wollen.

☙ Wenn Sie sich genau beobachten, dann entdecken Sie vielleicht, dass Sie wieder öfter schmunzeln oder lachen. Sie bemerken dann auch, dass Sie sich auf einer Geburtstagsfeier oder einem anderen Familienfest wieder ein bisschen wohlfühlen. Vielleicht legen Sie die dunkle Kleidung weg und haben den Wunsch, sich neue zu kaufen. Wenn Sie jemand fragt, wie es Ihnen geht, rutscht Ihnen heraus, dass es Ihnen ordentlich oder gut geht.

☙ Lassen Sie diese Veränderungen zu und nehmen Sie sie dankbar an. Vielleicht können Sie sich schon daran ein klein wenig freuen. Ihr geliebter Mensch jedenfalls freut sich, wenn sich bei Ihnen die Last der Trauer hebt, wenn die Trauer den Platz in Ihrem Körper räumt.

Sie spüren auch, dass Ihre schwere Trauer des Anfangs in eine leichtere Trauer, dann in eine Wehmut und später in ein feines Gefühl des Missens übergeht. Diese Wehmut, das Gefühl des Missens und der Sehnsucht werden Ihnen bleiben, denn die Abwesenheit Ihres geliebten Menschen bleibt dauerhaft bestehen. Diese Gefühle werden Sie nicht am Leben hindern, aber immer wieder deutlich machen, dass dieses Leben ohne Ihren geliebten Menschen ein anderes Leben ist.

Wie Ihre Trauer allmählich geht – und manchmal wieder kommen darf

🐦 Anfangs scheint es nur eines zu geben: den Schmerz und die Trauer. Aber dann wird es immer wieder Augenblicke geben, in denen die Trauer zurücktritt oder Sie die Trauer vergessen. Später dehnen sich die trauerfreien Zeiten weiter aus. Zunächst stellen sich ganz unbemerkt Pausen der Trauer ein, in denen es Ihnen ganz überraschend ordentlich, manchmal sogar gut geht.

🐦 Sie können sich dann auch bewusst vornehmen, die Trauer zurückzustellen, zum Beispiel bei einem Kinobesuch, bei einem Ausflug oder einer Ausstellungsbesichtigung. Das wird nicht immer ganz gelingen, aber Sie entdecken, dass Ihnen die trauerfreie Zeit gut tut. Ihr geliebter Mensch wird Ihnen dies mehr als gönnen!

🐦 Nun ist es Zeit, sich bewusst von der Trauer zu verabschieden. Sie hat Sie nun lange begleitet und dabei ihre – für Sie oft schmerzliche – Aufgabe getan. Sie hat Sie immer wieder gefühlsmäßig mit der Realität Ihres Verlustes konfrontiert. Zugleich hat die Trauer Sie immer wieder auch Ihrem geliebten Menschen nahegebracht. Nun aber übernimmt Ihre Liebe diese Aufgabe, deshalb braucht es die Trauer nicht mehr.
Lassen Sie diese nun gehen. Sie können ihr einen Brief schreiben und dabei sehen, wozu Ihre Trauer nötig war. Sie können sich auch vorstellen, wie die Gestalt Ihrer Trauer aus dem Haus Ihrer Seele auszieht.

🐦 Wenn Sie Ihre Trauer gehen lassen, dann geben Sie ihr einen Schlüssel mit. Dies ist der Schlüssel zu Ihrer Seele. Immer wieder wird die Trauer wie ein bekannter

Gast kommen wollen. Dann hat ihr Auftauchen immer einen guten Sinn. Zum Beispiel will das Trauergefühl Sie an Ihren geliebten Menschen erinnern. Oft kommt die Trauer auch am Todes- oder Geburtstag des geliebten Menschen, weil er Ihnen gerade an diesen Tagen immer fehlen wird.

Mit der äußeren Abwesenheit des geliebten Menschen leben lernen

☙ Eines wird immer bleiben, auch wenn es Ihnen – eines Tages – wieder ordentlich oder sogar gut gehen wird: der Tod und die äußere Abwesenheit Ihres geliebten Menschen. Deshalb führt kein Weg daran vorbei, mit diesen Tatsachen leben zu lernen. Und zwar so, dass es Ihnen wieder gut gehen darf.

☙ Zu Beginn des Trauerweges denken wir, dass wir den Tod und die Abwesenheit des geliebten Menschen nicht überleben werden. Immer wieder stürzen wir in Trauerkrisen, in denen wir am Leben ohne ihn verzweifeln.

☙ Allmählich gewöhnen wir uns an die Abwesenheit des Verstorbenen. Teils blenden wir seine Abwesenheit aus, teils nehmen wir sie irgendwie hin. Dabei entdecken wir, dass wir – natürlich noch mehr schlecht als recht – ohne den geliebten Menschen leben können. Und natürlich wehren wir uns immer wieder gegen diese schlimme Realität. Allein, seine reale Abwesenheit ist stärker als unser Widerstand dagegen.

☙ Fast unbemerkt wird das Leben nach dem Verlust wieder zu unserem Leben. Aber es ist ein ganz anderes Leben als vor dem Tod des geliebten Menschen. Machen Sie sich das immer wieder klar. Dann können Sie auch zu diesem so ganz anderen Leben »Ja« sagen. Vielleicht können Sie nicht »Ja« zum Tod Ihres geliebten Menschen sagen, aber finden Sie ein »Ja« zu diesem anderen Leben nach seinem Tod. Sagen Sie sich immer wieder: »Ja, das ist nun mein Leben, auch wenn ich es so nicht wollte.«

❦ Nehmen Sie das so ganz andere Leben als Ihr Leben in die Hand. Sagen Sie sich, dass Sie das so nicht wollten, aber dass es eben doch Ihr Leben ist. Entscheiden Sie sich bewusst dafür, dieses Leben noch einmal leben zu wollen. Sie werden merken, wie gut Ihnen das tut. Sie brauchen dabei Ihren geliebten Menschen nicht vergessen oder ausschließen. Gerade seine Abwesenheit erinnert uns immer wieder an ihn und ruft ihn immer wieder in unserem Herzen wach.

Wenn das Gutgehen ein schlechtes Gewissen macht

🐾 Manchmal geht es Ihnen einen Augenblick lang gut, manchmal sogar längere Zeit. Oft ist uns das zunächst gar nicht bewusst. Wenn wir es dann aber wahrnehmen, erschrecken wir oder es beschleicht uns ein schlechtes Gewissen: Wie kann es mir gut gehen, obwohl mein geliebter Mensch nicht mehr leben darf? Wie kann es mir ohne ihn gut gehen? Verrate ich ihn damit nicht?

🐾 Dieses schlechte Gewissen ist ganz normal. Anfangs fühlen wir uns schlecht, wenn es uns wieder – oft nur ein bisschen – gut geht. Wir müssen uns klarmachen, dass wir dabei unseren geliebten Menschen nicht verlieren. Tatsächlich aber tritt er in solchen schönen Momenten auch ein wenig in den Hintergrund, ja manchmal »vergessen« wir ihn sogar. Doch er bleibt so tief in unserem Herzen, dass wir darüber nicht besorgt sein müssen.

🐾 Wir brauchen nun eine doppelte Erlaubnis: Die erste Erlaubnis bekommen Sie ganz sicher. Es ist die Ihres geliebten Menschen. Er erlaubt Ihnen nicht nur, dass es Ihnen wieder gut gehen darf, mehr noch: Er wünscht es Ihnen, er fordert Sie geradezu auf, dass Sie sich wieder auf Ihr Leben einlassen. Die zweite Erlaubnis, dass es Ihnen wieder gut gehen darf, ist schwieriger zu bekommen. Die müssen Sie sich selbst geben und die dürfen Sie sich auch selbst geben! Sie dürfen auch aus sich heraus wieder leben. Dieser Wunsch nach einem zufriedenen und gelingenden Leben ist tief in uns verankert. Lassen Sie diesen Wunsch, der in jedem Lebewesen steckt, wieder zu und geben Sie ihm in Ihrem Leben zunehmend Raum.

Das »Gutgehen« wird leicht, wenn Sie sich Folgendes bewusst machen: Sie nehmen den Verstorbenen in Ihrem Herzen mit in Ihr Leben, gerade auch, wenn es Ihnen gut geht. In Ihrem Herzen erlebt er das mit oder er sieht Ihnen von seinem Ort, sozusagen »von oben«, wohlwollend zu, wenn Sie etwas Schönes erleben. Gibt es etwas Schöneres, als dieses zustimmende Lächeln im Gesicht Ihres geliebten Menschen zu sehen?

Wie Sie Ihren geliebten Menschen für immer lieben können

❦ Die äußere Abwesenheit Ihres geliebten Menschen bleibt. Aber auch seine innere Anwesenheit bleibt! Allerdings müssen Sie dafür etwas tun. Wie jede andere Beziehung müssen Sie auch die innere Beziehung zu Ihrem geliebten Menschen pflegen. Das ist nicht anstrengend oder mühsam. Im Gegenteil: Das tut Ihnen auf eine besondere Weise gut!

❦ Finden Sie Beziehungsrituale, in denen sich Ihre innere Beziehung zu Ihrem geliebten Menschen zeigt. Bringen Sie dem Verstorbenen beispielsweise aus dem Urlaub ein kleines Andenken wie einen Stein oder eine Postkarte mit und legen Sie dies auf sein Grab oder an seine Gedenkstelle in Ihrer Wohnung.

❦ Nehmen Sie sich immer wieder ganz bewusst Zeit für Ihren geliebten Menschen. Manchmal spüren Sie eine Sehnsucht nach ihm. Manchmal geht es Ihnen körperlich oder psychisch nicht gut. Oft sind das Impulse Ihrer Seele, dass Sie sich wieder Zeit für den Verstorbenen und die Beziehung zu ihm nehmen sollten. Zünden Sie beispielsweise eine Kerze für ihn an und lassen Erinnerungen aufsteigen oder betrachten Sie die Fotos von ihm.

❦ Gestalten Sie auch weiterhin die für Sie wichtigen Erinnerungstage, wie den Geburts- oder Todestag, ganz bewusst. Gehen Sie an diesem Tag an das Grab oder einen anderen Ort, an dem Sie Ihrem geliebten Menschen wieder nahe sein oder in Verbundenheit an ihn denken können.

Verlassen Sie sich aber auch auf die Liebe zu Ihrem nahen Menschen. Sie will bleiben, weil die Liebe ewig ist. Trauen Sie Ihrer Liebe zu, dass sie Sie immer wieder anrühren und berühren wird. Und schließlich: Sie können sicher sein, dass Ihr geliebter Mensch Sie immer wieder aufsuchen und besuchen wird. Auch er will, dass die Liebe bleibt – über den Tod hinaus und ewig!

Dankbarkeit ist heilsam und verbindend

🐾 Anfangs schauen alle Trauernde auf das, was nach dem Tod des geliebten Menschen nun nicht mehr möglich ist: die gemeinsam erhoffte und geplante Zukunft mit dem lieben Menschen. All das können wir nun nicht mehr mit ihm erleben. Von dieser Zukunft müssen wir uns verabschieden. Das ist schlimm und traurig.

🐾 Oft wird uns Trauernden gesagt, wir sollten dankbar sein, dass wir mit dem Verstorbenen die uns geschenkte Zahl von Jahren zusammen verbringen durften. Doch das tröstet keinen Trauernden. Dankbarkeit lässt sich nicht befehlen, eben weil der Blick zunächst auf das fällt, was wir mit dem Verstorbenen nicht mehr haben und nicht mehr mit ihm erleben dürfen.

🐾 Zur Dankbarkeit ist es deshalb ein langer Weg. Zunächst müssen wir uns über das Erinnern bewusst machen, welche vielen und schönen Dinge wir mit dem geliebten Menschen erlebt haben. Es ist so wichtig, alle Erinnerungen zu sammeln und zu sehen, wie reich uns der Verstorbene mit seinem Leben gemacht hat. Das ist auch ein wesentlicher Sinn des Erinnerns: reich zu werden an gemeinsam Erlebtem.

🐾 Je mehr wir auf das schauen, was wir gemeinsam erlebt haben, je mehr wir das auch als Schatz in uns sammeln, desto mehr sehen wir, wie viel uns der geliebte Mensch geschenkt hat. Lassen Sie all das, was Ihnen im Leben mit dem Verstorbenen geschenkt wurde, leuchten. Lassen Sie es größer werden und wachsen. So entsteht Dankbarkeit ganz selbstverständlich. Sie spüren das daran, dass Sie Ihrem geliebten Menschen für sein Da-

Sein danken und im Dank zutiefst mit ihm verbunden sind.

- Dankbarkeit tut gut. Dankbarkeit füllt Ihre Seele wie mit Balsam aus. Sie fühlen sie in sich wie einen Strom von Wärme. Sie können aus tiefstem Herzen sagen: »Es ist gut, dass du in meinem Leben warst und dass du mir so viel gegeben und geschenkt hast. Das tut unendlich gut und das ist unendlich gut!«

Spüren Sie wieder Ihre Lebendigkeit

❦ Was heißt es eigentlich, wenn es Ihnen nach langer Zeit wieder gut geht? Zunächst, dass die Trauer milder wird und seltener da ist. Genauso wichtig ist es aber, ob Sie sich wieder in Ihrer Lebendigkeit spüren. Auch die Trauer ist ein Zeichen Ihrer Lebendigkeit, wenn sie nicht gerade in ihrer schweren Form lähmend ist.

❦ Die Lebendigkeit ist etwas ganz Einfaches und Elementares. Sie ist tief in Ihrem Körper verankert, auch wenn Sie sich im Schock oder in der schweren Trauer nicht spüren. Jetzt geht es darum, über Ihren Körper Ihre Lebendigkeit wieder zu entdecken. Spüren Sie bewusst, wie Sie atmen und wie Ihr Atem kommt und geht. Fassen Sie sich an Ihr Handgelenk oder legen Sie Ihre Hand auf Ihr Herz und spüren Sie Ihren Puls. Spüren Sie Ihre Muskeln beim Sich-Aufrichten, beim Gehen oder beim Greifen nach einem Gegenstand.

❦ Entdecken Sie, wie Ihr Interesse am Leben wiederkehrt. Oft unbemerkt erwacht Ihre Neugier wieder und Sie wollen etwas vom Leben draußen mitbekommen. Vielleicht erwacht nun der Wunsch, wieder etwas aus dem gesellschaftlichen oder politischen Leben zu erfahren, wieder einmal auszugehen, sei es ins Kino, ins Theater oder zu einer anderen öffentlichen Veranstaltung.

❦ Vielleicht spüren Sie dann auch wieder eine eigene Energie, aktiv zu werden, etwas für sich oder andere zu tun. Achten Sie auf Signale dieser Energie, die aus Ihrem Körper kommen. Sie erleben die Energie als Wunsch und Willen, jetzt etwas zu tun, etwas anzupacken und damit jetzt zu beginnen. Das kann nach langer Zeit wieder die Gartenarbeit, das Umräumen oder Neu-Streichen der Wohnung oder die Reparatur am Haus sein. Es ist meist nicht so wichtig, was Sie wieder an-packen, sondern dass Sie überhaupt wieder die Lust zu einer Aktivität haben und diese dann auch tatsächlich durchführen.

🐦 Mit den neu erwachten Aktivitäten spüren Sie auch wieder Freude, jedenfalls ein winziges Stückchen. Es ist die Freude an dem, was Sie tun, was andere Ihnen mitteilen und schenken – und schließlich auch wieder Freude an dem, was andere tun.

🐦 Vielleicht ertappen Sie sich sogar, dass es Augenblicke des Glücks gibt und dass Sie wieder Lust auf das Leben haben.

Genau das ist es, was wieder sein darf. Und genau das ist es, was sich Ihr geliebter Mensch für Sie wünscht! Seien Sie sich sicher: Er nimmt an Ihrem Leben, an Ih-rer Freude und an Ihrem Glück teil, einfach weil er ein Teil von Ihnen geworden ist.

Du begleitest mich in meinem Leben nach deinem Tod

Es darf Ihnen wieder gut gehen

Was bei Trauer gut tut – das ist der Titel und der Ausgangspunkt dieses Buches. Wir haben gesehen, dass es nicht so einfach ist, uns als Trauernden selbst etwas Gutes zu tun und Gutes schenken zu lassen. Aber wir haben in diesem Buch auch gelernt, wie das schrittweise wieder möglich wird. Und wie es uns dann in kleinen Stufen nach oben auch wieder besser, dann ordentlich und schließlich gut gehen darf.

Am Ende dieses Buches steht mein Wunsch und meine Hoffnung, dass es Ihnen jetzt schon oder eines Tages wieder richtig gut geht. Das darf sich so ähnlich anfühlen wie früher, wie vor dem Tod Ihres geliebten Menschen. Und Sie dürfen sich einfach nur glücklich fühlen, jetzt in diesem Augenblick, ganz und gar. Manchmal wird gerade im glücklichsten Augenblick wieder die Wehmut auftauchen. Sie spüren dann einen feinen Stich, einen leichten Schmerz darüber, dass jetzt Ihr geliebter Mensch nicht ganz real dabei sein kann. Sie bedauern, dass er dieses Glück mit Ihnen jetzt nicht auch ganz leibhaftig leben und erleben kann.

Deshalb ist Ihre Freude oft eine schwere, aber auch eine tief gegründete Freude. Deshalb ist Ihr Glück jetzt ein

Glück mit einem dunklen Glanz, aber es ist wieder Ihr Glück. Ihre Seele weiß in den tiefsten, unbewussten Schichten, dass etwas anders ist und etwas anders bleiben wird. Das macht Ihre Freude ein wenig nachdenklich, das macht Ihr Glück ein wenig schwerer und Ihr Leben ein wenig reifer – aber es ist wieder ganz und gar Freude, ganz und gar Glück, ganz und gar Ihr Leben!

Roland Kachler

Narzisstische Kinder – heute ganz normal?

160 Seiten
Klappenbroschur
ISBN 978-3-451-60073-9

Der Begriff „Narzissmus" ist heute in aller Munde, denn immer mehr narzisstische Persönlichkeiten prägen unsere Öffentlichkeit und Gesellschaft. Doch woher kommen die vielen Narzissten und Narzisstinnen? Müssen wir uns fragen, ob es eine Erziehung gibt, die Narzissmus fördert? Eltern wünschen sich einfühlsame, selbstbewusste Kinder – und können dennoch durch unbewusste Prozesse narzisstischen Charakterzüge begünstigen. Roland Kachler zeigt auf, wie Kinder und Jugendliche zu kleineren und größeren narzisstischen Egos werden können. Und er gibt konkrete Hilfestellung, um diese Fehlentwicklungen zu verhindern oder umzukehren.

In jeder Buchhandlung!

»Das Herz ist für David Steindl-Rast der eigentliche Ort unserer Gottesbegegnung und zugleich der Ort, an dem wir uns für die Menschen öffnen ...«
(Anselm Grün)

160 Seiten
Kartoniert
ISBN 978-3-451-03310-0

Spiritualität hat ihren Ort mitten im Alltag, sagt der Mönch und Weisheitslehrer David Steindl-Rast. Die Suche nach dem Sinn ist nichts Abgehobenes, es bedarf nur der Achtsamkeit, der Öffnung des Herzens und der Aufmerksamkeit des ganzen Menschen. Sein Buch öffnet die Tore zur Mystik.

In jeder Buchhandlung!

HERDER

www.herder.de

Nach dem Tod des Partners weiterleben

160 Seiten
Klappenbroschur
ISBN 978-3-451-60038-8

Der Verlust des geliebten Mannes – ob Partner, Ehemann oder Lebensgefährte – ist für jede Frau ein Schicksalsschlag, der Körper, Geist und Seele erschüttert. Eva Terhorst zeigt, wie Frauen die vielfältigen Herausforderungen nach dem Tod ihres Partners bestehen können. Sie begleitet ihre Leserinnen in der Zeit der Umwälzung, gibt Impulse, konkreten Rat sowie Tipps und unterstützt die Witwen mit Affirmationen und Traumreisen. So können Frauen ihren heilsamen Weg durch die Trauer finden.

In jeder Buchhandlung!

HERDER

www.herder.de